Códexo do Culto a Cristo

Os Segredos das Religiões Abraâmicas

Dan Desmarques

22 Lions

Códexo do Culto a Cristo: Os Segredos das Religiões Abraâmicas

Escrito por Dan Desmarques

Índice

Introdução

"Códexo do Culto a Cristo" é uma exploração abrangente das verdades ocultas e das táticas de manipulação embutidas nas religiões abraâmicas, com foco especial no cristianismo. O objetivo deste livro é expor as camadas de engano e controle que moldaram as crenças e práticas religiosas por séculos, influenciando a vida de bilhões de pessoas em todo o mundo.

Ao embarcar nessa jornada, você encontrará um exame crítico dos fundamentos das religiões abraâmicas, interpretações históricas e contemporâneas de figuras e eventos importantes, bem como o profundo impacto que essas crenças tiveram na sociedade. Você explorará as origens das ideologias monoteístas, o papel da interferência extraterrestre na formação das narrativas religiosas e as táticas de manipulação usadas pelas instituições religiosas para manter o controle sobre seus seguidores.

"Códexo do Culto a Cristo" busca capacitar os leitores, fornecendo-lhes o conhecimento e as ferramentas necessárias para questionar e desafiar os dogmas aceitos há muito tempo sem questionamento. Ao romper o véu da ignorância e desvendar os enganos que permeiam os ensinamentos religiosos, podemos começar a despertar nossa consciência e trilhar o caminho da verdadeira iluminação e libertação espiritual.

Este livro não é apenas um exercício acadêmico, mas um chamado à ação. Ele incentiva os leitores a pensarem de forma crítica, a questionarem a autoridade e a buscarem a verdade além dos limites da doutrina religiosa. Ao compreender os contextos históricos e contemporâneos das crenças religiosas, é possível navegar melhor pelas complexidades do nosso mundo e trabalhar em prol de uma sociedade mais justa e compassiva. Explore o lado sombrio da fé e do poder, os segredos ocultos das instituições religiosas e o potencial de ascensão além dos limites do culto a Cristo. Com este livro, você pode descobrir a verdade e trilhar um novo caminho para o despertar espiritual e a libertação.

Capítulo 1: Abraão Decodificado

As religiões abraâmicas são praticadas hoje por cerca de 4 bilhões de pessoas, o que corresponde a aproximadamente metade da população mundial. Isso significa que muitos de nossos valores, escolhas e pensamentos são condicionados pelo que essas religiões pregam. No entanto, poucos ousam questionar sua validade, apesar de elas terem perpetuado conflitos, genocídios e a erradicação de inúmeras civilizações ao longo de milhares de anos, tudo em nome de uma divindade.

Aqueles capazes de ter uma consciência mais elevada verão a verdade e a acharão libertadora, enquanto os que ainda estão presos à sedução das religiões abraâmicas permanecerão na escuridão. Muitos profetas nos advertiram sobre as mentiras que nos afastam da verdade. A humanidade tem sido enganada e manipulada em nome de uma falsidade que tem consequências de longo alcance para a forma como moldamos o mundo.

Como raça planetária, só poderemos continuar a evoluir se nos educarmos e pararmos de criar guerras que nunca são justificadas quando promovidas em nome de um deus falso. Embora a verdade possa ser chocante, ela também revelará muito sobre nossa natureza oculta e nos libertará espiritualmente. Essa liberdade dos grilhões do dogma permitirá, com o tempo, uma consciência planetária maior e mais evoluída.

Os seres humanos sempre precisaram de um profeta ou guru para estabelecer uma conexão com o Divino. Em alguns casos, esses profetas eram chamados de Deus reencarnado. Cristo não foi a primeira figura a ser vista dessa forma. No entanto, as distorções e os mal-entendidos que se acumularam em torno dos ensinamentos de Jesus são tão grandes que poucos conseguem entendê-lo verdadeiramente hoje em dia. O tipo de cristianismo popularizado está mais alinhado aos antigos valores e visões políticas romanas do que às palavras de Jesus. Podemos ver isso em uma conversa entre Cristo e Judas, em que Jesus lhe diz (no Evangelho de Judas): "Levante os olhos e veja a nuvem, a luz que há nela e as estrelas ao redor. A estrela que guia o caminho é a sua estrela".

Com essa frase, Jesus se apresenta como um mestre da consciência coletiva, presente em todo o universo. Ele não era único em suas palavras, mas um representante dessa consciência manifestada em muitas outras galáxias e planetas. Entretanto, como qualquer outro líder popular, suas palavras foram posteriormente distorcidas para reforçar agendas destinadas a manipular as massas. Após essa frase, vemos que Judas "levantou os olhos e viu a nuvem brilhante, e entrou nela".

Há abundante evidência de contato extraterrestre nas interações entre Jesus e os anjos. No entanto, muitos cristãos insistem em descrever os anjos como seres alados, uma representação linear usada para explicar a existência de pessoas de outras galáxias. Embora muitos cristãos hoje em dia zombem da possibilidade de que seus anjos sejam apenas pessoas de outros planetas, aqui temos uma referência a Jesus e Judas se juntando aos anjos em uma nave espacial e viajando pelo universo em busca de sabedoria. Então, por que Judas o trairia? Ele não o traiu! Jesus via o corpo como um obstáculo à sua ascensão. Ele estava tentando escapar da morte até concluir seu trabalho na Terra, e sua morte seria bem-vinda quando isso acontecesse. O mesmo Evangelho nos mostra isso quando Jesus diz a Judas: "Você sacrificará aquele que me veste".

Com a ajuda de Judas, a morte de Jesus libertaria seu espírito para se unir à irmandade de onde ele vinha. Jesus era uma Semente Estelar e um Avatar. Ele foi um dos muitos que vieram à Terra ao longo da história, principalmente nos últimos anos, para compartilhar os ensinamentos de civilizações avançadas. Os verdadeiros ensinamentos de Jesus são consistentes com os ensinamentos de outros que, como ele, procuraram representar a coletividade em níveis mais elevados de existência. Quando comparamos esses ensinamentos com muitos outros enraizados na mesma verdade da consciência galáctica, vemos que eles falam a mesma coisa, não importa quão distantes estejam da compreensão das massas, mesmo milhares de anos depois.

Há três tipos de aparições associadas aos anjos: extraterrestres de natureza benigna ou malévola; almas de pessoas falecidas; e manifestações artificiais estimuladas pela hipnose ou pelo uso de drogas. Não existem outros tipos de anjos, exceto os desses grupos. Portanto, quando as pessoas afirmam ver anjos, como mostrado em panfletos cristãos, provavelmente estão lidando com anjos do terceiro tipo, que podem ser criados pelo primeiro grupo ou até mesmo pela tecnologia terrena.

Grupos terrestres ou extraterrestres também podem usar drogas para alcançar objetivos por meio de alucinações induzidas. O Livro do Apocalipse, que tem um efeito tão atormentador na psique de muitos cristãos, é um exemplo de texto escrito por um homem sob o efeito de drogas alucinógenas extraterrestres.

Capítulo 2: Apocalipse Revelado

Em Apocalipse 10:8-11, João nos conta: "A voz que ouvi do céu falou-me novamente, dizendo: 'Vá e pegue o pequeno rolo que está aberto na mão do anjo que está sobre o mar e sobre a terra'. Fui, pois, ter com o anjo e lhe disse: 'Dê-me o pequeno rolo'. Ele me disse: 'Tome-o e coma-o, pois ele amargará o seu ventre, mas na sua boca será doce como mel'. E eu o tomei da mão do anjo, o comi, e na minha boca era doce como mel; depois que o comi, meu ventre ficou amargo".

Essa passagem descreve quando João é drogado antes de receber imagens apocalípticas. Essas visões não tinham nada a ver com fatos, mas eram apenas fotografias ou desenhos criados artificialmente que alguém poderia criar hoje em um computador. Não devemos presumir que as pessoas daquela época conseguiam perceber a diferença. Se hoje é fácil enganar as pessoas com inteligência artificial, certamente seria mais fácil em uma época em que a tecnologia não estava disponível. Na verdade, se João tivesse visto um filme apocalíptico na televisão, ele teria acreditado que era real, pois não tinham ideia do que era uma televisão.

Os filmes são tão realistas que a maioria das pessoas no mundo de hoje tem dificuldade em distinguir a realidade da ficção. Essa falta de discernimento decorre da predisposição natural da psique humana para a fantasia. A religião foi construída com base na ignorância de muitos e tirou proveito dessa predisposição mental, pois favorecia o controle de poucos. Muitos outros não conseguiram fazer o mesmo e, portanto, foram segregados nos domínios do ocultismo, como se as religiões abraâmicas fossem, de alguma forma, mais verdadeiras do que as outras.

Se alguma vez houve uma religião verdadeira no mundo, certamente foi aquela que veio diretamente dos deuses. Estou me referindo à religião egípcia, da qual todos os ramos do ocultismo obtêm seu conhecimento, como os rosacruzes, os maçons e a Wicca. Todo o resto foi criado para enganar as massas, que são suscetíveis a contos de fadas e histórias imaginárias. Porém, os contos de fadas precisam evoluir com o tempo, e as religiões abraâmicas são uma fantasia mais elaborada, eficaz e complexa.

Não é possível fazer com que as pessoas aceitem uma religião cujos significados abstratos estejam muito distantes de suas mentes limitadas e mundanas. A religião deve estar no mesmo nível de seu potencial intelectual. É por isso que tantas verdades se perderam ao longo do tempo; elas não interessavam a muitos ou os afetavam negativamente. Quem as dizia era perseguido, ridicularizado e assassinado. E nada mudou desde então; falar a verdade ainda é alvo de ameaças, insultos e assassinatos.

Se eu usar meus próprios livros como exemplo para avaliar essas declarações, veremos o mesmo. A maioria das pessoas olha para esses livros e mal os entende, ou acha que estou inventando o que sei, que não posso ser iluminado ou saber mais do que aqueles que eles adoram, como se o ego deles fosse o soberano da verdade. Muitas pessoas que conheço até me dizem que não pareço um escritor, o que é muito interessante, já que publiquei centenas de livros e tenho mais de cem best-sellers na Amazon, muitos deles em primeiro lugar. No entanto, eles acham que os fatos não significam nada em comparação com seus estereótipos. Se a realidade não é real, exceto pelo filtro das massas, o que podemos dizer sobre a religião?

As pessoas querem colocar todo o universo em uma bolinha de gude que possam colocar no bolso e chamar de sua. Seu ego é tão grande que elas não conseguem entender nada além de si mesmas. Elas então chamam suas mentiras de verdade e desconsideram a verdade como se fosse uma mentira. Então, por que é tão difícil entender que os alienígenas estão mais interessados em estudar nossa ignorância do que em se comunicar conosco? Eles estão interessados em estudar nossa estupidez porque não há muitas pessoas na Terra com cérebro para tomar decisões relevantes e eficazes para toda a sociedade. No entanto, nenhum líder pode fazer mais do que aquilo que as pessoas estão dispostas a aceitar e compreender. De fato, a sociedade nunca apoia esses indivíduos, nem mesmo quando eles aparecem em público. Em vez disso, as pessoas escolhem líderes que atendam às suas expectativas. Se pudessem escolher minha profissão, eu obviamente não conseguiria me tornar um escritor.

A grande maioria das pessoas não tem a capacidade de enxergar a realidade e a verdade em sua totalidade, e é isso que caracteriza a iluminação: a capacidade de ver as coisas como elas são. Quando as pessoas se afastam da realidade para permanecerem em sua própria bolha e não conseguem lidar com os fatos podres e as coisas nojentas que acontecem na mente de outras pessoas, elas não podem ser iluminadas. Muitos diriam que gostariam de ler a mente de outras pessoas, mas ficariam deprimidos ao saber o que se passa na mente delas. Muitos diriam que nem todo mundo é assim e que há muitas pessoas boas no mundo, mas, mesmo que isso seja verdade, não se cultiva um campo inteiro de batatas para se tirar uma boa dentre todas as podres.

Capítulo 3: A Ignorância é Perfurada

Nos últimos anos, muitas verdades vieram à tona. Nas últimas décadas, fomos abençoados com uma enorme riqueza de informações, muitas provenientes de descobertas arqueológicas e da recuperação de livros perdidos. Apesar disso, ainda temos muitos mentirosos no mundo, e eles têm muito poder para garantir que as pessoas não tenham acesso ao que foi descoberto. O problema das informações contraditórias é que elas deixam aqueles que têm uma forma dualista de analisar a realidade ainda mais confusos. Como não compreendem o que é contraditório, não conseguem pensar por si mesmos, devido à própria miséria intelectual, construída em um sistema educacional que doutrina, segrega e discrimina aqueles que pensam de maneira independente.

A maioria da população carece de discernimento, potencial analítico e coragem para ser diferente, e sem isso não consegue enxergar a verdade à sua frente. Quando encontram alguém como eu, pensam que sou o mentiroso e que tudo o que ouviram antes é a verdade. Devido à mentalidade dual das massas, elas precisam considerar as peças como um todo e escolher um lado, pois não conseguem analisar nada que as coloque em estado de dissonância cognitiva. Os psicopatas deste planeta sabem disso e, por isso, destroem a credibilidade de qualquer informação nova ao promover essa dissonância.

Por exemplo, quando a ivermectina foi proposta como uma cura para o coronavírus, os gananciosos, temerosos de perder os lucros obtidos com a ignorância das massas, apressaram-se em afirmar que não havia evidências científicas de sua eficácia e que ela era mais adequada para o tratamento de cavalos. Ao aumentarem a dissonância cognitiva das massas, eles conseguiram facilmente destruir a credibilidade desse remédio barato, eficaz e premiado.

O problema da ignorância é que ela se protege do desaparecimento por meio do fortalecimento do ego. Os ignorantes sempre fundem sua personalidade com sua própria ignorância. E, quando essa ignorância é ameaçada, eles a defendem como se fosse uma guerra pela sobrevivência. Nesse estado de espírito, muitos se tornam violentos, mesmo quando a violência não é justificada. Antigamente, as pessoas lutavam para proteger suas vidas; agora, lutam o tempo todo para serem estúpidas e imaturas.

Os profetas que vieram à Terra queriam dissolver essa estupidez, mas o que as massas fizeram? Reuniram-se em pequenos grupos onde puderam cultivar e manter suas fantasias como um corpo impenetrável de crenças chamado religião. O verdadeiro problema da religião é que, não importa quão abertos os membros afirmem ser, assim que você prova que eles estão errados, você é ridicularizado, insultado e condenado ao ostracismo. Eles são abertos até o ponto em que você é estúpido o suficiente para não fazer perguntas que eles não podem responder. Esse é o limite de empatia deles.

Seria o mesmo que conhecer um psicopata e esperar que ele fosse gentil. O psicopata será gentil desde que haja consequências para seu comportamento. De fato, é apenas o medo da punição que mantém a sociedade sob a aparente ilusão de ordem. Se os caixas eletrônicos de repente parassem de cuspir dinheiro e a polícia e os militares desaparecessem ao mesmo tempo, você testemunharia o caos mais brutal da história. Pessoas como eu estão neste planeta para garantir que a consciência se eleve a um nível em que isso não possa acontecer, mas há um longo caminho a ser percorrido antes que esse estado seja alcançado.

Há apenas uma verdade, e há muitas maneiras de alcançá-la, assim como há muitas maneiras de dizer as mesmas palavras em idiomas diferentes. Em cada idioma, encontramos significados e estruturas de frases diferentes, mas a intenção pode permanecer a mesma, assim como acontece com a verdade. Aqueles que falam a verdade sempre disseram a mesma coisa, embora de acordo com os idiomas e o nível de compreensão de sua época. Por esse motivo, é natural termos dificuldade em entender os significados do passado. As palavras eram usadas de acordo com o significado que tinham para as pessoas daquela época.

Quando falamos de consciência, também nos referimos a conceitos como clareza de entendimento, aplicação e intenção. Esses três elementos devem estar presentes para que a consciência ocorra de fato, pois ela transcende o tempo, o idioma e as diferenças culturais. Quando esses elementos não estão presentes, o resultado é o estado viciante de hipnose que as pessoas obtêm das religiões que seguem. A razão pela qual a religião é concebida e apresentada como uma droga para aqueles que buscam um vício em sua demência é justamente essa falta de clareza.

É claro que não se pode esperar que pessoas com tais atitudes encontrem clareza, muito menos consciência. E é por isso que a religião é construída em torno de um dogma, embora o problema não seja tanto o dogma, mas a atitude dos seguidores. Não se pode debater os discursos de Platão com alguém drogado com heroína, assim como não se pode argumentar com um seguidor das religiões abraâmicas.

Capítulo 4: A Fé Cega

Certa vez, encontrei um devoto seguidor do hinduísmo nas ruas da Europa. Ele estava ansioso para vender o Bhagavad Gita, livro que eu já havia lido mais de cinco vezes. Quando lhe contei, ele me olhou com descrença. Mesmo quando mencionei que havia escrito sobre o assunto, ele não me deu atenção. Ele estava tão intoxicado com sua religião que não conseguia ouvir ninguém que dissesse ter explicado seu livro favorito. Ele me disse que havia buscado respostas durante toda a vida e lido muitos livros, mas não quis ouvir meus comentários sobre o assunto. O que há de errado com ele? Ele está cego por suas próprias ilusões. Está cego por sua própria convicção. As respostas que ele procura não estão tão distantes assim.

As pessoas geralmente se esquecem de que aqueles que elas querem ensinar podem ser seus professores mais sábios. Se as respostas chegaram a ele por meio de uma pessoa que passa na mesma rua em que ele quer vender seu livro, mas ele não conseguiu enxergar isso e insistiu em me vender um livro que eu já havia lido muitas vezes, então não há esperança para ele. Eu poderia dizer que esse homem é ignorante, mas a falta de consciência é ignorância manifestada por uma alma na escuridão. É a mente que cega o indivíduo para a percepção do óbvio diante de seus olhos. O mesmo acontece com aqueles que têm livros, mas não compreendem seus significados. Deve haver clareza para que a mente alcance a consciência, e essa clareza avança com o tempo e o conhecimento, à medida que as culturas se tornam mais complexas.

Para que a complexidade dos significados evolua junto com as culturas do mundo, a comunicação deve evoluir paralelamente. Isso não significa que a comunicação deva se tornar mais relativa, como muitos estudiosos erroneamente supõem, mas sim mais precisa e mecânica. As palavras são como peças de uma máquina que devem se integrar à mente humana, criando uma espécie de simbiose na qual o significado projetado se reflete perfeitamente na mente que o recebe. Portanto, essa verdade só pode ser oferecida por alguém que também possa receber um reflexo do alto, um ser que tenha sido iluminado e despertado pela luz que entrou em sua mente depois que sua personalidade foi despedaçada.

Ironicamente, os mais prontos para receber essa verdade não são aqueles que nunca foram confrontados consigo mesmos, mas sim aqueles que foram forçados a reconstruir sua personalidade muitas vezes por meio de experiências traumáticas. Talvez não pareça assim para aqueles que sofrem de depressão, mas o trauma é o precursor da iluminação. É preciso ser quebrado para aprender a se reconstruir.

Embora os meios de comunicação evoluam junto com nossa compreensão do mundo — e não devemos confundir a capacidade de falar e ouvir com a capacidade de compreender, que varia muito de pessoa para pessoa —, a verdade permanece constante ao longo do tempo como um estado superior de visão. Essa visão nos mostra hoje o mesmo que era visto há milhares de anos entre os sacerdotes mais experientes. As diferenças aparentes se manifestam por meio de interpretações, agendas políticas e interferência de formas superiores de inteligência ou vida extraterrestre que buscavam manipular a humanidade por meio das lacunas que se manifestavam na escuridão das massas.

Essas lacunas foram encontradas em vários níveis: fraqueza espiritual e a tendência de entorpecer os sentidos por meio de drogas de vários tipos, como o álcool; o espectro da luz invisível, que é muito mais amplo do que os olhos podem ver; e o sistema de crenças das massas, que é facilmente moldado e manipulado por meio do controle de vários segmentos da sociedade. No entanto, é nessa última área que encontramos a arma mais eficaz de controle de massa e hipnose, pois é mais fácil controlar as massas dividindo-as em diferentes religiões do que tentando fazê-las seguir apenas uma. Esse é o mesmo princípio que corporações como Nestlé, Bayer, Unilever, Johnson & Johnson, Procter & Gamble, Danone e muitas outras usam para controlar marcas farmacêuticas e de alimentos. O mesmo princípio é usado por empresas de redes sociais para controlar as escolhas dos consumidores e manter esse controle apesar das escolhas individuais.

A verdade não tem nada a ver com fé, filosofia, opinião ou religião, mas é frequentemente confundida com elas porque interesses gananciosos se escondem por trás dessas e de muitas outras manifestações egoístas do mundo moderno. De fato, não é surpreendente que as marcas tentem atrair os consumidores com os mesmos princípios que as religiões usam há milênios, como a promessa de salvação por meio do consumo. Veja a Coca-Cola, por exemplo: suas campanhas publicitárias clássicas promovem a unidade e a harmonia, muito semelhantes às mensagens religiosas de paz e união. A Apple é conhecida por usar imagens e linguagem religiosas em sua publicidade. Os evangelistas da marca pregam o evangelho de Steve Jobs, e os usuários são frequentemente vistos como discípulos. A devoção à marca se assemelha a uma religião.

No que se refere aos setores de alimentos e medicamentos, muitos foram pegos promovendo medicamentos para as mesmas doenças causadas por seus próprios produtos. A Nestlé, por exemplo, foi criticada por comercializar fórmulas infantis de uma forma que desestimula a amamentação, causando problemas de saúde nos bebês, ao mesmo tempo em que oferece "soluções" por meio de seus outros produtos. Da mesma forma, a PepsiCo, proprietária da Pepsi e da Frito-Lay, foi acusada de promover estilos de vida pouco saudáveis por meio de suas bebidas e lanches açucarados, contribuindo para a obesidade e problemas de saúde relacionados, ao mesmo tempo em que oferece produtos como a Quaker Oats, que são comercializados como alternativas mais saudáveis. No setor farmacêutico, a Johnson & Johnson enfrentou processos judiciais alegando que seus produtos de pó de talco contêm amianto, que pode causar câncer, ao mesmo tempo em que produz medicamentos para tratar a doença.

Empresas de redes sociais, como o Facebook, usam algoritmos para controlar as informações que os usuários veem, criando câmaras de eco que reforçam crenças existentes e manipulam opiniões. Isso é semelhante à forma como as instituições religiosas controlam as narrativas para manter sua influência. O Facebook, por exemplo, tem sido criticado por permitir a disseminação de desinformação e conteúdo divisivo, que pode polarizar os usuários e torná-los mais suscetíveis à manipulação. No entanto, o pior erro que uma pessoa pode cometer é desistir e aceitar que a verdade é relativa. É comum que as pessoas façam isso justamente porque é mais fácil se render e desistir do que lutar contra tantos interesses poderosos e contra as massas acéfalas.

No entanto, você não pode deixar de ver o que já viu, especialmente se não foi feito para ser um escravo sem mente. Ao despertar e se tornar mais consciente, você se torna capaz de ver coisas que não pode deixar de ver, a menos que esteja disposto a voltar a um estágio anterior de desenvolvimento. Por isso acredito que, embora nenhuma religião possa ser aceita, todas devem ser estudadas, porque você pode entrar em um estado de confusão absoluta quando passa pelos estados mentais induzidos resultantes dos mecanismos de cada religião, mas também descobre verdades mais transversais quando compara diferentes formas de apresentar a mesma informação.

Acredito que a tecnologia nos ajuda a alcançar esse estágio mais rapidamente, pois as muitas mentiras das religiões abraâmicas estão se tornando mais óbvias e fáceis de identificar. Entretanto, essa tecnologia não seria possível sem as mentes que a criaram, o que significa que as pessoas se tornaram mais eficientes em questionar a si mesmas e suas crenças, mas também mais manipuladas do que nunca. Isso cria a ilusão de saber muito, mas, na verdade, não saber nada. É por isso que muitas pessoas hoje em dia estão cheias de certezas absolutas sobre coisas que não passam de mentiras. A abundância de informações repetidas e manipuladas cria essa ilusão em larga escala.

Enquanto isso, nenhum dos principais modelos de inteligência artificial disponíveis atualmente permitiu que eu editasse este manuscrito, justamente porque ele é muito controverso e se opõe à narrativa dominante sobre a qual as pessoas são instruídas a acreditar. Isso significa que, embora a tecnologia possa ajudar a civilização, ela também manipulará a direção que ela tomará, de acordo com as decisões daqueles que estão no poder.

Capítulo 5: O Despertar da Consciência

Só vemos o que estamos dispostos a ver, o que significa que as massas ainda não estão prontas para absorver as respostas para as muitas perguntas que fazem a si mesmas. Aumentamos nossa capacidade de confrontar e observar a realidade à medida que adquirimos mais conhecimento e experiência. Para aumentar nossa capacidade de experimentar, precisamos viver mais intensamente, dormir menos e interagir mais com os ignorantes do mundo, sem permitir que eles nos afetem e nos tirem o senso interno de propósito, pois as massas são controladas por forças além de sua consciência.

Quanto mais você avançar em consciência, mais a sociedade tentará impedi-lo e arrastá-lo para o nível de consciência das massas, porque essa é a natureza vibracional da realidade no planeta. Essa consciência mais elevada, da qual falo, só pode ser alcançada naturalmente se vivermos o suficiente e adquirirmos uma determinação natural, construída a partir de anos de resiliência e experiência direta com o mundo. Essa é uma das razões pelas quais tantas pessoas desejam viver mais. Se pudéssemos viver até 500 anos, muitas das coisas que eu disse seriam fáceis de ver. A história seria entendida como ela é, não como é contada, e a maioria dos livros não seria necessária para entender o mundo, porque a maior parte do que está escrito seria considerado senso comum.

O propósito do conhecimento leva a um pensamento melhor, e o pensamento bem preparado leva a uma consciência mais elevada, o que nos ajuda a obter insights. Entretanto, isso só acontece com o verdadeiro conhecimento, que só pode ser adquirido por meio de um processo analítico e metacognitivo adequado da realidade percebida. E, como quanto mais vemos, menos precisamos saber, há uma correlação direta entre ser esclarecido, educado, consciente da natureza do mundo e capaz de enfrentar as duras realidades da vida. O segredo da compreensão superior permanece oculto para a população porque não está no que recebemos, mas em nossa capacidade de processá-lo por meio dos mecanismos de nossa alma: nossa capacidade de questionar nossos próprios resultados, crenças e habilidades analíticas.

Essas habilidades, se desenvolvidas, surgem tarde na vida e em contextos específicos, como na redação de uma dissertação. Mas, a essa altura, a mente do sujeito já foi tão danificada por modelos doutrinários que a dissertação acaba refletindo as mesmas expectativas de que o sistema precisa para se manter. Muitas coisas tidas como verdadeiras são mentiras bem formuladas. Por isso, qualquer pessoa pode atingir um nível de compreensão mais elevado do que os melhores acadêmicos. Na verdade, alguns dos maiores gênios da história não eram do meio acadêmico.

É por meio do discernimento adequado que se distingue, isola e encontra a verdade, de modo que qualquer pessoa que pratique essas habilidades diariamente pode realmente alcançá-la. O propósito de muito do que Buda e outros iluminados como ele disseram foi nos ensinar a controlar a mente para alcançar esses entendimentos, e não usá-la para fugir da realidade. Então, por meio da ação e da interação, quem se preparou para reconhecer e assimilar os baixos estados mentais dos outros pode viver em sociedade sem ser afetado por eles. No entanto, ao dizer que não serão afetados, não quero dizer ignorar ou isolar nossos pensamentos ou suprimir nossa consciência, mas sim passar mais rapidamente por nossas memórias e emoções de dor do que as pessoas comuns, a fim de retornar mais rapidamente ao nosso estado original.

Não se deve sofrer nem negar o sofrimento, mas deve-se passar por ele de forma eficaz e corajosa, reconstruindo-se a cada quebra da autoconfiança. Temos a tendência de admirar essa capacidade de recuperação e reconstrução em máquinas e sistemas de computador, sem perceber que estamos admirando o que estamos tentando desenvolver em nós mesmos: a capacidade de nos reconstruirmos após uma quebra. Mas agora que você entende isso, fica óbvio que aqueles que dizem que mais conhecimento o deixará perdido são idiotas e não devem ser ouvidos ou considerados para nenhum propósito. Muitas dessas pessoas são professores universitários, o que diz muito sobre o real objetivo do trabalho deles.

Quando alguém que deveria ensiná-lo diz que saber demais é ruim, essa pessoa está tentando manipulá-lo ou enganá-lo com a ignorância da própria ignorância. Muitas dessas pessoas são muito hábeis na arte de explicar sua própria estupidez, mas esse ensinamento não tem nada a ver com amor, respeito e liberdade, e sim com escravidão. Embora o mundo precise de mais educação, o que está sendo produzido no sistema educacional moderno não tem nada a ver com isso. O tipo de educação de que as pessoas precisam raramente é produzido por seus pares. É difícil encontrar as respostas de que se precisa naqueles que afirmam tê-las. É por isso que o progresso espiritual, com todo o conhecimento necessário para a autoconsciência, nos leva por um caminho solitário.

Capítulo 6: Sabotadores Expostos

Sempre que encontrar uma religião que alega querer educá-lo, tome cuidado, pois você encontrou seu inimigo em um grupo de pessoas. Os piores inimigos a temer não são aqueles que ameaçam sua vida, pois são fáceis de identificar, mas aqueles que tentam obter acesso ao seu coração e à sua alma e depois o envenenam por dentro. Eles estão presentes na maioria das religiões do mundo, mas mais ainda naquelas que atraem as massas.

As massas nunca se interessam por organizações religiosas que as expõem pelo que são e ensinam responsabilidade e autocrítica. Na verdade, duvido que você encontre uma com essas qualidades, pois elas simplesmente não atraem quase ninguém. Uma religião que desencoraja máscaras — reais ou imaginárias — entre seus seguidores sempre será uma das menos populares. O que as pessoas realmente buscam na religião é o alívio de sua condição espiritual, uma fuga do inferno, não uma mudança real. Portanto, elas não mudam, distorcem as verdades que encontram e acabam reencarnando para fazer as mesmas coisas que faziam antes, com todas as consequências.

Um grande problema com indivíduos malignos, como já observei, é que eles ficam mais espertos. À medida que o mundo evolui em sua complexidade e em seus métodos de comunicação, o mal pode encontrar mais alternativas para seus meios de controle e destruição. Diante de tanta diversidade, a maioria não está preparada para lidar com os ataques do mundo invisível. Só começamos a identificar e entender narcisistas, psicopatas e sociopatas nas últimas décadas, embora eles sempre tenham estado entre nós. Praticamente toda a nossa história foi feita com essas criaturas conspirando no escuro e promovendo as piores atrocidades contra uma população crédula.

Os verdadeiros demônios andam entre nós com sorrisos felizes e até falam na televisão, dizendo a todos o que fazer, porque as pessoas ainda são estúpidas demais para enxergá-los como realmente são. Portanto, não é chocante, por exemplo, quando Bill Gates diz que a solução para o problema da superpopulação é melhor assistência médica e vacinação, mas é chocante quando milhares de pessoas aplaudem e confiam em tal loucura. Seria como se eu dissesse que a solução para a sua dor de cabeça é fazer com que um caminhão esmague o seu crânio e você aplaudisse essa ideia. É assim que são estúpidos esses macacos não evoluídos de aparência humana que povoam a Terra.

Muitas pessoas malignas que conheci pessoalmente e que estão possuídas por demônios se tornaram terapeutas e médicos holísticos e fingem ajudar os outros, quando, na verdade, estão destruindo pessoas em nome da ajuda, pois é fácil enganá-las. As pessoas são estúpidas demais para saber a diferença, especialmente quando estão desesperadas. Muitas pessoas são tão ignorantes que baseiam seus julgamentos em emoções e estereótipos, e depois racionalizam o que recebem com base no que têm em seus cérebros. Cegas pelo ego, elas não conseguem explicar sua ignorância; em vez disso, protegem-na. Elas explicam as atrocidades e os abusos no mundo com base em sua necessidade de serem aceitas como pessoas boas.

As massas estão desesperadas, precisando de ajuda, de um senso de pertencimento e de conforto. Como resultado, em casos extremos, vão a um terapeuta que diz palavras bonitas, mas que as danifica ainda mais. Muitos estão irreparavelmente danificados física, mental e emocionalmente. Estão quebrados demais para serem ajudados, e é daí que surgem as crescentes estatísticas de suicídio. Isso está se tornando muito comum, na minha opinião, mas poucos parecem enxergar as conexões. Você não precisa se preocupar com mágicos, bruxas ou satanistas. É preciso se preocupar, e muito, com terapeutas e médicos que, escondidos atrás de profissões de ajuda, estão assassinando pessoas, seja dando-lhes o remédio errado ou incitando-as a cometer suicídio.

Já vi muitas vezes médicos dando conselhos às pessoas que as fazem morrer mais rápido. Isso está se tornando cada vez mais comum hoje em dia. De fato, quando o coronavírus foi descoberto, pudemos ver como muitos poderiam facilmente mentir para manter seus empregos. Muitos médicos, enfermeiros e virologistas mentiram para o público sobre esse vírus e as curas porque não queriam ir contra as ordens recebidas. Pouquíssimos ousaram ir contra a corrente dominante e dizer a verdade, e aqueles que o fizeram foram criticados, discriminados e, em muitos casos, perderam suas licenças para trabalhar e tiveram suas contas nas mídias sociais excluídas. Falar sobre uma das verdadeiras curas para esse vírus, a ivermectina, foi severamente censurado e punido. Estávamos de volta à Idade das Trevas, à caça às bruxas e à censura da verdade. Você está vendo como era fácil?

As pessoas de hoje não são muito diferentes das do passado. De fato, elas são iguais. Elas não evoluíram o suficiente. As mortes por negligência médica, ignorância ou lucro são muito mais comuns do que se imagina. Muitas pessoas também não querem acreditar que os hospitais receberam bônus para diagnosticar o coronavírus e prescrever determinados tratamentos. No entanto, essa situação não é nova. Muitas pessoas foram diagnosticadas erroneamente com câncer e submetidas à quimioterapia com objetivos lucrativos. O mesmo se aplica a muitas cirurgias e medicamentos desnecessários que não deveriam ser prescritos, mas que enriquecem as empresas farmacêuticas e os médicos que os promovem.

O caminho para a verdadeira iluminação e o crescimento espiritual está repleto de inimigos ocultos que buscam controlar e manipular. É fundamental manter a vigilância e o discernimento, questionando os motivos daqueles que afirmam oferecer ajuda e orientação. Somente por meio do pensamento crítico e de uma compreensão profunda do mundo é que podemos navegar pelo complexo cenário da espiritualidade e evitar as armadilhas preparadas por aqueles que se aproveitam de nossas vulnerabilidades.

Capítulo 7: Decepção Desvendada

Eu gostaria de poder dizer que tudo é relativo, como algumas pessoas gostariam de acreditar, mas não é. O bem e o mal são muito reais. Já observei essas forças agindo em grupos inesperados da sociedade. Além de fingir ser invisível, outra estratégia usada por esses demônios entre nós é criar confusão, e não há confusão maior do que a promovida pela ideia de superioridade moral por meio da distorção de eventos históricos, sociais e culturais. A verdade sobre nossa história permanece oculta em quase todos os campos, por mais avançada que seja a ciência.

Se a verdade fosse conhecida, o mundo inteiro teria de ser reformulado, reorganizado e reajustado, o que significaria que muitas pessoas perderiam seus empregos, muitos livros teriam de ser reescritos e muitos outros seriam descartados como ideias obsoletas e inverdades. No entanto, quando as mentiras são muito difundidas, elas são mais facilmente aceitas e protegidas do que a disposição para receber a verdade. Pouquíssimas pessoas, em qualquer período da história, estiveram dispostas a receber uma verdade mais elevada do que a promovida por sua sociedade.

Muitas pessoas, por exemplo, acreditam que os deuses do Egito e o Deus de Israel não são os mesmos, mas essa suposição decorre de interpretações religiosas errôneas. Muitos livros religiosos são cópias uns dos outros e, na verdade, não há diferença alguma, exceto na opinião. A grande diferença entre nossas interpretações religiosas baseia-se, na verdade, apenas nas opiniões daqueles que agora são esqueletos, cinzas e pó.

Muitas das diferenças e divisões nas religiões atuais poderiam ser facilmente assimiladas se analisássemos suas descrições de maneira mais integrativa. No entanto, isso também significaria uni-las, o que removeria a legitimidade de sua separação e as reivindicações de superioridade de cada uma sobre os outros grupos. Em outras palavras, se as religiões se unissem, elas se destruiriam e perderiam seus seguidores fanáticos, mas isso não acontece. É mais fácil assassinar esses seguidores do que fazê-los abandonar suas ideologias, e esse tem sido, de fato, o destino de muitos grupos religiosos, incluindo aqueles que adoram o mesmo Deus.

É interessante observar como o Deus bíblico, por exemplo, levou grupos de pessoas que supostamente confiavam nele e o adoravam a um matadouro, exterminando populações inteiras, inclusive mulheres e crianças. E por qual motivo? Se os judeus eram escravos dos egípcios e Moisés, que afirmava ser um líder inspirado por Deus, foi criado pelos egípcios, então ele foi criado na religião deles. Os líderes de ambos os grupos, conhecidos coletivamente como "Adonai", que significa "meus senhores" ou "mestres" — também interpretado na Bíblia como Elohim, como aqueles que desceram do céu —, não são deuses diferentes, mas um coletivo apresentado como um só.

Então, por que Moisés promoveria algo diferente do que havia estudado? Ele não promoveu tal coisa! Moisés "aprendeu toda a sabedoria dos egípcios" (Atos 7:20-22) e, com a ajuda dos seres coletivamente representados como Jeová, começou a difundir uma nova ideologia para produzir melhores escravos. Essa ideia não era dirigida contra os faraós egípcios, mas planejada pelos próprios egípcios. O sumo sacerdote egípcio Manetho (c. 300 a.C.) afirma que Moisés recebeu grande parte de seu treinamento religioso sob o comando de Akhnaton, o faraó que foi o pioneiro do monoteísmo.

Moisés serviu como sumo sacerdote sob o comando de Amenhotep IV e, posteriormente, foi escolhido pelos hebreus como líder. Como resultado, ele convenceu seu povo da ciência e da filosofia que havia recebido nos mistérios egípcios, e da maneira como havia sido instruído. Em outras palavras, o dogma do "Deus Único" que ele ensinou era a interpretação egípcia para a Nova Era. Os egípcios sabiam e escreveram que seus "deuses" (e não um Deus) viajavam em "barcos voadores" para os céus. Eles também descreveram seus deuses nos primórdios (e antes dos muitos mitos que os descreviam como sendo metade homem, metade animal) como sendo de carne e osso, com as mesmas necessidades de alimento e abrigo que os humanos. Até mesmo casas foram construídas para eles no Egito, e essas casas tinham servos humanos que mais tarde se tornaram os primeiros sacerdotes do país.

De acordo com o famoso historiador James Henry Breasted, os primeiros servos dos deuses egípcios eram leigos que exerciam suas funções sem cerimônia ou ritual. Seu trabalho era simplesmente prover os deuses com as necessidades e os luxos de um egípcio rico e de alto nível na época: comida e bebida abundantes, roupas finas, música e dança. As muitas mudanças observadas na religião egípcia estavam relacionadas ao fato de esses governantes não serem bem vistos pelo povo. O Reino Antigo (c. 2685-2180 a.C.) foi sucedido por um período de fraqueza e agitação. A Grande Pirâmide de Quéops foi invadida por egípcios descontentes, que, segundo o historiador Ahmed Fakhry, "odiavam tanto os construtores das pirâmides que ameaçaram entrar nessas grandes tumbas e destruir as múmias dos reis".

Capítulo 8: Êxodo Reexaminado

Ao considerarmos as mudanças feitas na religião egípcia para criar a ideia de um Deus todo-poderoso e invisível, a fim de inspirar medo e obediência, podemos questionar muito do que é descrito na Bíblia e na fé judaica. Especialmente porque, como muitos arqueólogos descobriram, muitas das histórias contadas pelos judeus são, de fato, falsas. O Dr. Zahi Hawass, ex-ministro de Estado de Antiguidades e arqueólogo egípcio, afirmou que o Êxodo do Egito "nunca aconteceu porque não há provas históricas", uma conclusão a que também chegou o Dr. Mohamed Abdel-Maqsoud, que liderou uma equipe de arqueólogos em busca dessas provas.

Além disso, de acordo com Josh Mintz, "os registros egípcios não fazem menção à migração repentina de quase um quarto da população, nem foram encontradas evidências de nenhum dos efeitos esperados de tal êxodo, como crises econômicas ou escassez de mão de obra. Além disso, não há evidências em Israel de um influxo repentino de pessoas de outra cultura nesse período. Não houve um rápido afastamento da cerâmica tradicional nem registro ou história de um aumento populacional" (em haaretz.com). As religiões abraâmicas se baseiam em uma compilação de histórias criadas para doutrinar um povo que facilmente esqueceria o passado e o manteria escravizado na ignorância. Moisés tentou replicar os ensinamentos dos egípcios de maneira mais eficaz, em vez de ir contra eles.

Talvez não esqueçamos o passado hoje em dia devido à abundância de descobertas arqueológicas e documentos que nos ajudam a analisar a verdade, mas optamos por esquecê-la em favor de nossas fantasias religiosas. Em seguida, racionalizamos coisas que nunca aconteceram para se encaixar em crenças ilusórias. É por isso que muito do que a humanidade poderia saber permanece oculto. Há muitos interesses particulares que garantem que as pessoas não recebam os fatos sobre seu verdadeiro passado religioso, e as massas não estão suficientemente despertas para questionar a veracidade do que recebem. Mas, se Moisés era um sumo sacerdote dos alienígenas e estava sob o comando de Akhnaton, e não liderou um êxodo como os historiadores acreditam, o que realmente aconteceu?

Os egípcios, cientes do baixo nível de consciência das massas, desenvolveram a arte de esconder significados por trás de símbolos e estruturas. As religiões abraâmicas produzem muitos desses significados ocultos e, portanto, não podem ser consideradas fatos. Os primeiros ensinamentos do judaísmo eram profundamente místicos e usavam muitos significados ocultos para explicar a ascensão espiritual, incluindo aqueles interpretados na Cabala judaica para aqueles que podiam compreendê-los, enquanto os escondiam por trás do folclore para aqueles que não estavam prontos para vê-los, produzindo assim um método educacional bifurcado tanto para as classes mais baixas quanto para as mais altas. O mesmo acontece com a Estrela de Davi de seis pontas, pois é um símbolo com significados secretos que existiam muito antes do judaísmo ou do Rei Davi. Portanto, se os ensinamentos são os mesmos e os deuses são os mesmos, então estamos lidando apenas com perspectivas, significados ou códigos secretos e agendas religiosas.

Evidências disso podem ser vistas na esfera política, como quando Salomão estabeleceu laços entre os hebreus e os egípcios, tornando-se conselheiro do faraó egípcio Sisaque I e casando-se com a filha do faraó. Durante sua estada no Egito, Salomão também recebeu instruções sobre os mistérios egípcios, razão pela qual permitiu a adoração de outros deuses locais, como Baal, o principal deus masculino dos cananeus. Salomão sabia que as várias interpretações de Deus se referiam ao mesmo grupo de seres. É óbvio, então, que os judeus e os cristãos seguem a mesma linha de engano, ou seja, seguem a mesma divisão de interpretações entre fantasias para as massas e verdades egípcias para aqueles que podem interpretá-las. Essas verdades são explicadas pelos mistérios secretos dos rosacruzes, maçons e de muitas outras organizações que trabalham nas sombras, por trás dos poderes políticos, das monarquias, das revoluções e das guerras entre nações.

Como um grupo precisa de um inimigo comum para justificar sua existência, cristãos, judeus e muçulmanos ainda consideram o Deus dos pagãos e egípcios como Satanás, sem saber que, assim como em "o inimigo", Satanás é seu próprio Deus e que não há diferença entre sua religião e aquelas às quais se opõem. Quanto mais acreditamos que existe um inimigo externo, mais ignoramos o inimigo interno, que se manifesta na forma de ignorância. O medo permite que essa verdade seja escondida das mentes dogmáticas. Essa dúvida não existe para os maçons, que afirmam claramente que seu Deus é uma combinação de Adonay (aqueles que vieram do Céu) e Satanás (o "Inimigo"). Os maçons superaram os mal-entendidos entre a mitologia egípcia e os contos de fadas bíblicos por não temerem aceitar as forças duplas que representam no piso de xadrez de seus templos. Albert Pike, maçom do rito escocês de 33º grau e autor de muitos livros sobre a Maçonaria, explicou essa dualidade dizendo: "O que devemos dizer às massas é que adoramos um Deus, mas um Deus adorado sem superstição".

Esse Deus a que ele se refere é o Deus rebelde que libertou a humanidade. Ele explica: "A religião maçônica deve ser mantida na pureza da doutrina luciferiana por todos nós, iniciados de altos graus". Por que luciferiana? Porque Lúcifer é o único deus entre muitos que libertou a humanidade da ignorância. Como Pike explica, "Se Lúcifer não fosse Deus, será que Adonay (o Deus dos cristãos), cujos feitos provam a crueldade, a perfídia, o ódio ao homem, a barbárie e a aversão à ciência, seria alvo de difamação por parte de Adonay e seus sacerdotes?"

Como Adonay é um coletivo de seres que tentaram manter a humanidade ignorante, e Lúcifer é aquele que libertou a humanidade de sua ignorância, o Deus que os cristãos insistem em adorar é, de fato, maligno. Isso nos dá uma perspectiva diferente do Jardim do Éden e de muitas outras histórias da Bíblia, que não são bem-intencionadas, mas criadas para manter o homem no escuro sobre sua natureza espiritual. Por isso, Pike diz: "Lúcifer é Deus e, infelizmente, Adonay também é Deus, pois a lei eterna é que não há luz sem sombra, não há beleza sem feiura, não há branco sem preto, pois o absoluto só pode existir como dois deuses. A escuridão é necessária para que a luz sirva como seu contraste, assim como o pedestal é necessário para a estátua e o freio para a locomotiva".

Lúcifer é, portanto, nas palavras de Pike, a oposição à hierarquia que oprimiu a humanidade, mas permanece como um elemento de nossa realidade dual enquanto a humanidade viver nas sombras da ignorância.

Capítulo 9: A Luta da Humanidade

O Deus das religiões abraâmicas é um Deus que busca manter a humanidade escravizada. Trata-se de um coletivo que busca dominar a mente das pessoas em direção a um objetivo comum, porém opressivo. Essa verdade faz com que Moisés seja visto sob uma nova luz: não como um libertador, mas como um promotor da opressão, um traidor da humanidade. Esse é, de fato, o caso, assim como o de muitos profetas que o seguiram. Como Albert Pike explica: "A verdadeira e pura religião filosófica é a crença em Lúcifer, igual a Adonay, mas Lúcifer, Deus da Luz e Deus do Bem, luta pela humanidade contra Adonay, Deus das Trevas e do Mal" (A.C. De La Rive, In La Femme et L'enfant Dans La Franc-Maconnerie Universelle, cit., p. 26).

Agora, podemos entender por que tantas pessoas ficam confusas com o uso desses nomes, já que as intenções das figuras históricas foram distorcidas, muitos eventos religiosos nunca aconteceram e o verdadeiro propósito de muitos líderes não era outro senão aquele aceito pelas massas. Além disso, quando observamos que o nome Satanás se sobrepõe a Lúcifer, que é visto como o acusador e o espírito enganador, e é representado por uma serpente, vemos que há uma grande confusão sobre quem é quem na Bíblia.

Como explica Paul Anthony Wallis (ex-educador teológico e arquidiácono da Igreja Anglicana), "Em Gênesis 3, a serpente é um ser físico, um dos colonizadores, e se correlaciona com o personagem sumério Enki, que não é um cara mau, apenas alguém que estava em conflito com o chefe, Enlil. A maneira como os nomes são usados é um pouco confusa, assim como a maneira como a palavra "Deus" é usada na Bíblia. De qualquer forma, o quadro geral é que estamos cercados por um espectro de seres — alguns físicos, como nós, alguns interdimensionais, alguns baseados em energia — e alguns são bons e outros são desagradáveis, assim como temos um espectro de pessoas no planeta Terra. Os nomes que usamos podem variar de cultura para cultura, mas basicamente esse é o quadro geral".

O conflito entre as Trevas e a Luz sempre existiu, não apenas na Terra, mas também no espaço. Ele não muda com níveis mais elevados de consciência e esteve presente em muitas outras civilizações avançadas. A batalha pelo controle da humanidade também é mencionada nos textos hindus, e algumas descobertas arqueológicas sugerem o uso de bombas atômicas nesse período, ou seja, a construção de muitas estruturas subterrâneas, como cavernas artificiais, cidades subterrâneas e outros abrigos para proteger grupos de pessoas de guerras com armas radioativas.

As tábuas sumérias descrevem o conflito entre os deuses em termos de rebelião em sua hierarquia, um ato de desobediência, muito semelhante ao que encontramos na Bíblia em relação à guerra entre anjos. No entanto, mesmo que as interpretações bíblicas e islâmicas expliquem essa rebelião como originada na recusa de Lúcifer e sua legião de anjos de se curvarem diante da humanidade, os textos sumérios apresentam o mesmo evento de um ponto de vista muito diferente. De acordo com esses textos, os primeiros humanos não conseguiam se reproduzir, mas foram modificados posteriormente com a ajuda de Enki, o mestre geneticista dos deuses. As antigas tábuas mesopotâmicas atribuem a Enki a supervisão da criação genética do Homo sapiens. Assim, Adapa ou Adão — o codinome dado aos primeiros humanos geneticamente modificados, que significa "filhos sábios do planeta vermelho" (ou seja, Marte, o lugar de onde os humanos terrestres se originaram) — foram transformados em seres humanos totalmente funcionais e independentes pelo deus Ea ou Enki, que mais tarde foi deturpado como o Lúcifer bíblico. Essa alteração genética foi feita sem o consentimento do irmão de Enki, Enlil, e resultou em um conflito entre os deuses, conhecido como Guerra dos Anjos no Céu.

Enki, então o Lúcifer bíblico, ao tornar os humanos mais inteligentes e capazes de se reproduzir, também os tornou independentes e não dispostos a seguir as ordens de Enlil e sua legião. Com o processo, a consciência desses seres se tornou superior, resultando na expulsão da geração adâmica do paraíso, o jardim do Éden bíblico. Pelo menos é o que nos é dito, mas o mais provável é que os seres despertados para seu estado de aprisionamento e ignorância tentariam escapar de tal situação. Essas pessoas, que não eram duas, mas muitas, fugiram do paraíso, pois, para os deuses, era o paraíso, mas uma prisão para elas. Essa história é semelhante à lenda da criação maia descrita no Popol Vuh, na qual os deuses dizem: "Vamos tentar criar seres obedientes e respeitosos que nos alimentarão e sustentarão".

Em ambos os casos, os deuses são descritos como seres semelhantes aos humanos que desceram dos céus, e encontramos semelhanças nas descrições apresentadas pelas diferentes populações, bem como nas pirâmides. Por isso, quando os conquistadores espanhóis foram recebidos pelos maias, foram recebidos como deuses, pois de fato se pareciam com seus deuses antigos. Seus enormes navios, nunca antes vistos por essas culturas, foram considerados comparáveis às naves espaciais usadas por seus deuses para viajar pelo mundo.

Se as histórias dessas culturas são baseadas em eventos reais, deveria haver evidências arqueológicas para apoiá-las, e há. Sabemos agora que o Homo sapiens sapiens surgiu na Terra de forma abrupta, e não gradual, como os darwinistas ainda insistem. F. Clark Howell e T. D. White, da Universidade da Califórnia em Berkeley, disseram: "Essas pessoas [Homo sapiens sapiens] e sua cultura material inicial apareceram com aparente rapidez há pouco mais de 30 mil anos".

Capítulo 10: Pecado e Salvação Redefinidos

Por meio da modificação genética, os seres humanos foram elevados a um status semelhante ao de um deus, conhecido coletivamente como o Deus Único das religiões monoteístas. Isso lhes permitiu compreender seu estado mental anterior e perceber que estavam nus e eram ignorantes. Registros da antiga Mesopotâmia mostram humanos trabalhando nus para seus senhores, enquanto os deuses estão totalmente vestidos. Esses deuses não apenas escravizavam os humanos, mas também mantinham haréns de prostitutas humanas, o que a Bíblia traduz como "tomando-as como esposas" (Gênesis 6:2). Os Adões e as Evas se sentiam humilhados, abusados e violados por sua nudez, situação que lembrava a do Éden.

O Lúcifer bíblico, o Enki sumério que libertou a humanidade da ignorância, tornou-se o Deus e salvador da humanidade. Enquanto isso, o adversário da humanidade, que buscava devolver a humanidade à escravidão, tornou-se o inimigo. Satanás, o inimigo da humanidade, é, portanto, o Deus das religiões abraâmicas — o Deus dos cristãos, muçulmanos e judeus. Moisés e outros enganaram a humanidade para que ela adorasse seus governantes, mudando a história. Os seres humanos eram chamados de pecadores ou descendentes de Sin, um nome derivado da mitologia suméria em que Sin é filho de Enlil e Ninlil. Enlil, conhecido como o pai dos deuses e governante supremo, é o deus bíblico que se opõe a Lúcifer. Ele é tanto o Deus bíblico quanto Satanás, o inimigo da humanidade.

A palavra "pecado" foi mal interpretada como o inglês antigo "sin", que significa errar o alvo ou ser imperfeito. Por conseguinte, o pecado foi traduzido como uma alteração do código genético, uma imperfeição infligida à humanidade. O pecado original, atribuído à desobediência e ao conhecimento do bem e do mal, é retratado de forma negativa, enquanto o retorno à ignorância é apresentado como algo positivo. Isso faz com que a humanidade deixe de se esforçar para ser como os deuses e os reduz a escravos. Essa marca dos deuses, ou marca da besta, pode ser imposta por vacinas que alteram o DNA, como as que foram impostas às pessoas nos últimos anos sob o pretexto de um vírus produzido "acidentalmente" em um laboratório de Wuhan com a ajuda de certas organizações americanas, como o Instituto Rockefeller e a Fundação Gates.

O significado hebraico de "pecado" inclui chata'ah (erro), avon (distorção da vontade de Deus para ganho pessoal) e pesha (transgressão ou rebelião). Esses termos equiparam o pecado ao pensamento independente e à recusa em obedecer à vontade de Deus, o que, segundo os textos sumérios e os significados hebraicos, implica a recusa em agir como escravo. Assim, segundo os textos hebraicos, os pecadores são aqueles que se recusam a ser rebaixados ou a serem injetados com vacinas que alteram o DNA e destroem suas habilidades cognitivas.

Outra evidência da aplicação desses significados está no impacto diferencial racial e étnico das vacinas contra a doença, que tinha como objetivo poupar "judeus asquenazes e chineses", de acordo com Robert F. Kennedy Jr. Enquanto isso, o vírus prejudicou desproporcionalmente os grupos historicamente marginalizados, com taxas mais altas de infecção, hospitalização e morte entre negros, hispânicos e asiáticos em comparação com os brancos (Leo Lopez, MD). Vários estudos confirmaram que latinos, negros, indígenas americanos e nativos do Alasca, do Havaí e de outras ilhas do Pacífico apresentaram as maiores taxas de hospitalização e morte por coronavírus. Essencialmente, temos um vírus criado em laboratório com a intenção racista de assassinar determinadas populações, a saber, latinos, negros e nativos americanos. E, embora a vacina promova a cura, ela está acelerando esse processo.

A segurança dos judeus asquenazes pode estar ligada ao alinhamento de sua religião com esse plano. Vários rabinos judeus fizeram declarações justificando o assassinato de não judeus e promovendo a ideia de que os não judeus existem apenas para servir aos judeus. Essas ideias, ainda promovidas por líderes judeus ortodoxos, enfatizam que o propósito dos não judeus é servir aos judeus. Por exemplo, o rabino Ovadia Yosef (ex-rabino-chefe sefardi de Israel) afirmou: "Os goyim (todos os não judeus) nasceram apenas para nos servir. Sem isso, eles não têm lugar no mundo, apenas para servir ao povo de Israel". (Citado no jornal israelense Maariv, 18 de outubro de 2010). O rabino Dov Lior (rabino-chefe de Hebron e Kiryat Arba) afirmou: "Mil vidas de gentios não valem uma unha de judeu". (Citado no jornal israelense Haaretz, 2008).

Esses exemplos, entre tantos outros, também nos levam a entender por que certas raças eram alvo de extermínio. Um estudo de Bond e Smith (1996) descobriu que indivíduos de culturas coletivistas, incluindo algumas asiáticas, tendiam a se conformar com as normas do grupo. Em um mundo controlado pelo sionismo, os asiáticos de nações comunistas seriam os escravos ideais, enquanto os demais, propensos à desobediência, deveriam ser eliminados para evitar que essa população hipotética de escravos se tornasse desobediente. Assim, os descendentes do verdadeiro pecado das religiões abraâmicas, todos eles em conformidade com os ideais judaicos, são aqueles que aceitam ser marcados, obedecem a uma hierarquia e seguem ordens — aqueles que se voluntariam para serem rebaixados, como os que se alinharam para receber as vacinas contra a COIVD-19. Eles não manifestam uma falha genética do passado, que de fato representou uma mudança para o bem, permitindo-lhes pensar de forma independente.

Os pecadores de hoje, sob uma perspectiva espiritual e não religiosa, são aqueles que desejam ser marcados pelo mesmo Deus que escravizou os primeiros humanos, Enlil, e que esperam ser mantidos na ignorância e na obediência absoluta, como ocorre nas nações mais tirânicas sob governos comunistas, como Coreia do Norte, China e Cuba.

Outra interpretação errônea comum vem da palavra nefilim, atribuída aos filhos e filhas dos deuses mencionados na Bíblia como anjos caídos. A palavra foi erroneamente traduzida como "gigantes", mas seu significado correto é "poderosos". Ela se refere aos reis e rainhas escolhidos por esses seres para controlar o povo da Terra por meio da escravidão e da guerra. Esses nefilins nunca deixaram de existir; seu histórico genético simplesmente desapareceu no conjunto genético das massas e nas linhagens sanguíneas das famílias reais que traçaram sua linhagem até o antigo Egito. Assim, toda a humanidade tem características desses seres, embora os nefilins possam ser comparados hoje àqueles que aspiram tomar o lugar deles, ou seja, os sionistas e os monarcas do mundo.

A Igreja Ortodoxa Oriental afirma que o pecado original teve origem com o demônio, que "pecou desde o princípio" (1 João 3:8). As Testemunhas de Jeová ensinam que todo homem e toda mulher nascem pecadores por causa do que aconteceu no Éden. A Igreja de Jesus Cristo dos Santos dos Últimos Dias culpa Adão pelo estado espiritual decaído da humanidade, alegando que a transgressão de Adão foi necessária para que a humanidade percebesse o valor do que tinha antes. Martinho Lutero, João Calvino e outros reformadores protestantes acreditavam que o pecado original persistia mesmo após o batismo. Em outras palavras, todas essas e muitas outras religiões cristãs que se diziam contrárias às interpretações errôneas dos dogmas originais da Igreja acabaram repetindo exatamente os mesmos ensinamentos.

É interessante notar que o Alcorão afirma que, embora tenha havido uma transgressão, ela foi perdoada por Deus, o que sugere que as pessoas podem ser perdoadas caso desejem retornar voluntariamente ao seu estado anterior, desde que tenham se libertado da ignorância. Trata-se de um passo adiante nas exigências de submissão ao estado de servidão, semelhante ao que era feito na Idade Média, quando as pessoas recebiam suas vidas em troca da submissão aos governantes islâmicos.

Por séculos, manipulações e interpretações errôneas obscureceram a verdadeira natureza do pecado e da salvação. Ao compreender os significados e contextos originais desses conceitos, no entanto, podemos começar a desvendar os enganos que mantiveram a humanidade em um estado de ignorância e escravidão. O caminho para a verdadeira iluminação e libertação está em questionar as narrativas que nos foram dadas e buscar a verdade oculta. Ao reconhecermos o pecado como um caminho para o conhecimento e a independência, e a salvação como a libertação da ignorância e da escravidão, podemos começar a recuperar nosso verdadeiro potencial como seres espirituais e cocriadores de nossa realidade. A jornada para o despertar espiritual envolve desafiar as crenças que nos prendem e mantêm bilhões na escuridão absoluta, impedindo nossa evolução espiritual e nossa libertação desse reino de escravidão.

Capítulo 11: Transcendência da Culpa

Por meio de muitas interpretações diferentes, porém falsas, do que realmente aconteceu no Éden, a ideia de que o homem havia feito algo errado e que isso não deveria se repetir no futuro foi incorporada à psique coletiva. Mais do que o medo, a culpa foi usada para manter a humanidade ligada às mentiras de seus deuses mestres, e ainda hoje é usada por muitas religiões como um meio de manter as massas cegamente obedientes. Não é por acaso que a oração original de Jesus em aramaico era "livrai-nos da culpa", e não "livrai-nos do mal", como os cristãos repetem hoje. Isso porque o mal está associado às interpretações, mas a culpa é muito precisa e fácil de interpretar: ela está associada ao fato de estar errado por pensar de forma independente, uma característica indispensável para o desenvolvimento da responsabilidade.

Uma pessoa é incapaz de se tornar responsável, qualidade que nos permite desenvolver todas as outras características relacionadas a ela, como ética, discernimento e autoanálise, quando a responsabilidade é substituída pela culpa, ou seja, a ideia de que se está errado por não obedecer a certos mandamentos e leis. Sempre que uma pessoa é aprisionada pela culpa, ela não consegue se separar de suas ações e analisá-las. Em vez disso, ela se torna dependente da validação externa, que é exatamente o que as religiões usam para manter seus seguidores sob controle.

A culpa é uma emoção poderosa para controlar os outros, e é por isso que narcisistas, psicopatas e sociopatas costumam usá-la contra suas vítimas. Vimos a culpa ser usada contra as pessoas quando os políticos precisaram encontrar justificativas para os abusos que impuseram, como quando disseram que os não vacinados contra o coronavírus eram responsáveis pelas mortes dos vacinados. Eles reforçaram a ideia de que os filhos do pecado são as pessoas que sentem culpa e vergonha. Porém, esses são os que vivem nas trevas e desejam retornar ao estado de escravidão e ignorância.

Em contraste, temos os filhos de Lúcifer, os despertos, aqueles que buscam conhecimento, independência e liberdade. Eles geralmente se apresentavam como seguidores da serpente, não porque Ea fosse uma serpente, mas porque a serpente era o símbolo de Ea. Os egípcios retratavam seus "deuses" com cabeças ou características de animais para simbolizar traços e personalidades. Assim, a serpente passou a simbolizar a escuridão — aquilo que é oculto para aqueles que não enxergam, como o conhecimento oculto revelado ao povo do Éden.

As tábuas sumérias descrevem as várias tentativas de exterminar aqueles que seguiam esses valores por meio de diversas doenças, sugerindo que esses deuses estavam constantemente envolvidos em uma guerra biológica. Quando isso não foi suficiente para exterminar toda a população, esses deuses decidiram destruir a raça humana com um grande dilúvio. Essa inundação foi causada por uma longa tempestade e pelo rompimento do intrincado sistema de barragens e diques construídos na Mesopotâmia para controlar as inundações irregulares dos rios Tigre e Eufrates. Muitos arqueólogos concordam que houve uma inundação catastrófica no Oriente Médio há milhares de anos.

Em referência a esse evento, o épico mesopotâmico de Gilgamesh menciona um homem chamado Utnapishtim (o Noé bíblico), que foi abordado pelo príncipe Ea, que lhe disse que os deuses estavam planejando um dilúvio para exterminar a raça humana. Ea deu a Utnapishtim instruções sobre como construir um barco capaz de sobreviver ao dilúvio. Utnapishtim seguiu as instruções e carregou o barco com seu ouro, sua família, seu gado, além de artesãos e animais selvagens, e navegou até o mar.

As religiões se contradizem em sua prática, porque, quando alguém é batizado, nega a servidão a Enlil — aceitando o pecado — e reivindica obediência a Enki, o deus da liberdade e das relações sexuais. Por isso, Jesus pediu para ser batizado por João, já que não poderia ser batizado em seu próprio nome se alegasse fidelidade à filosofia de Enki.

As religiões abraâmicas baseiam-se em uma confusão de eventos históricos, significados mal compreendidos por trás dos rituais e muitas interpretações errôneas, o que representa um problema de dificuldade de aprendizagem e demonstra ignorância em escala global. Isso nos leva a uma verdade oculta, impossível de ser reconhecida por aqueles que ainda não estão conscientes o suficiente para descobri-la por si mesmos. Um ser iluminado deve necessariamente rejeitar essas falsas doutrinas, pois pode enxergar que elas estão erradas e por quê. Aqueles que não conseguem fazer isso ainda vivem sob o feitiço da mentira, em um estado hipnótico, e, portanto, confiam no mundo que lhes é apresentado para enganá-los. É por isso que a maioria, especialmente os que seguem cegamente as doutrinas religiosas, está convencida de que os extraterrestres não existem e não consegue acreditar em tais manifestações. Eles não podem acreditar, pois isso os levaria a questionar todas as mentiras que seguem cegamente. Somente ao abraçar o pensamento independente, a responsabilidade e a busca pelo conhecimento é que podemos nos libertar das correntes da culpa e da escuridão e entrar na luz da verdadeira compreensão e liberdade.

Capítulo 12: Símbolos Decodificados

Os seguidores das religiões abraâmicas ridicularizam e rejeitam a ideia de vida extraterrestre, mas não têm problema em acreditar em suas próprias superstições, como santos e milagres, pessoas andando sobre a água, a Virgem Maria descendo do céu diante deles, anjos aparecendo ou Jesus conversando em suas cabeças. Essas pessoas são vítimas de seus próprios delírios e estupidez, e por isso são facilmente manipuladas por tecnologia alienígena avançada. Aproveitando-se do estado esquizofrênico das massas e de seu nível de ignorância, esses seres são capazes de transmitir mensagens e ordens que são então obedecidas e executadas sem questionamento quanto às intenções e propósitos, exatamente como aconteceu com os chamados livros sagrados.

Um engano ainda maior terá de vir por meio do cumprimento dessa tolice, na qual o que as muitas religiões do mundo esperam será oferecido a elas exatamente como querem: uma guerra religiosa seguida de anjos descendo do céu para salvar seus seguidores. Enquanto isso, há uma desconexão tão grande entre o presente e o passado que poucas pessoas sabem que seus rituais são muito mais antigos e tinham significados diferentes. O batismo, por exemplo, começou muito antes. Os antigos sumérios adoravam o deus Enki (ou Ea) em seu templo na cidade de Eridu com um ritual de purificação por meio da lavagem no rio, pois Enki também era conhecido como o deus da água, da magia e do encantamento.

Enki foi um criador que tornou os humanos escravos dos deuses (em Marte) e, depois, os tornou independentes desses mesmos deuses (na Terra). Ele também era associado ao sêmen e ao líquido amniótico, portanto, à fertilidade. O símbolo da cruz ou ankh, considerado um símbolo de fertilidade e posteriormente adotado pelo antigo Egito, mas também por pagãos e cristãos, é uma das representações de Enki, Lúcifer, simbolizando a união do homem e da mulher durante o sexo. Enki também era comumente representado como uma criatura metade cabra, metade peixe, da qual deriva a figura astrológica moderna de Capricórnio. Na mitologia babilônica, ele ficou conhecido como o pai de Marduk, o deus da água, da vegetação, do julgamento e da magia. Mais tarde, na mitologia grega, Enlil tornou-se a contraparte suméria de Zeus, enquanto Enki tornou-se a contraparte de Poseidon.

O ritual mundial de imersão em águas purificadoras, comum nas primeiras religiões mesopotâmicas, egípcias e orientais, e ainda praticado no hinduísmo, em várias religiões nativas americanas e no judaísmo, é uma demonstração de devoção a Enki. A mitra, o chapéu do papa católico, também representa Poseidon, Enki e Lúcifer, tendo origem na Suméria. Como Enki também era conhecido como o deus peixe da Suméria, seus primeiros sacerdotes, ou representantes entre o povo, estavam sempre vestidos com trajes de peixe. Quando Jesus pediu para ser batizado, ele estava realizando esse ritual e se comprometendo como servo de Lúcifer, a Luz da Verdade.

A era de Peixes começa com o nascimento de Jesus, pois Peixes representa Enki. Por isso, Jesus é apresentado como o Filho de Deus, ou seja, o Filho da Água e de Lúcifer. Ao afirmarem que Jesus é o Filho de Deus, os cristãos estão literalmente dizendo que ele é o filho de Lúcifer, o que significa que ele também é uma reencarnação de Marduk — o deus babilônico do julgamento e da magia, filho de Enki. Considerando que Lúcifer é retratado como uma cabeça de bode, ou Baphomet, e foi retratado por seus sacerdotes com uma cabeça de peixe, e é conhecido como o deus da liberdade e do individualismo, não há realmente nenhuma diferença entre o catolicismo e outras formas de cristianismo, satanismo, luciferianismo, maçonaria, hinduísmo e muitas outras crenças religiosas. Todas elas são aspectos e interpretações diferentes dos mesmos conceitos.

Como o símbolo de Lúcifer, o criador de Adão, é a fertilidade, também não há diferença entre o significado dos obeliscos encontrados no Egito, em Washington (EUA) e em muitas outras cidades do mundo (inclusive Odessa, Ucrânia) e a cruz cristã, todos eles símbolos sexuais, assim como as fontes no centro de muitas cidades. O obelisco representa um falo ou pênis de Lúcifer; uma fonte é um símbolo do esperma de Lúcifer; e a cruz cristã representa a procriação humana, ou seja, o sexo na posição missionária, com o homem em cima da mulher, possibilitada apenas por Lúcifer. Em outras palavras, os cristãos poderiam andar por aí com algum outro objeto sexual, como um pênis, em volta do pescoço, em vez de uma cruz, e o significado seria o mesmo. Esses símbolos de fertilidade representam a liberdade da escravidão e são atribuídos a apenas um Deus, razão pela qual Lúcifer não queria que a humanidade fosse politeísta.

O propósito de "seu filho cristão, Jesus", era libertar a humanidade da escravidão imposta por outras religiões. Mas Jesus era realmente o filho de Lúcifer ou apenas um representante de sua fé na humanidade? A resposta é óbvia, mas Jesus de fato disse: "Vós sois deuses; todos vós sois filhos do Altíssimo" (Salmo 82:6). Jesus também nos alertou sobre o grande engano que está sendo manifestado pelo uso de Sua história para fazer exatamente o oposto, quando Ele disse: "Muitos virão em meu nome, dizendo que me representam, e enganarão a muitos; mas vocês não devem segui-los" (Mateus 24:5). Toda congregação cristã acredita que Jesus estava se referindo a algum outro grupo e que o seu é o especial, sem perceber que, na verdade, Ele estava se referindo a todos eles.

Capítulo 13: O Amanhecer da Nova Era

A Era de Jesus, ou Peixes, terminou em 2020, ano em que se inicia a Era de Aquário, ou Era da Revelação da Verdade. É interessante notar que foi em 2020 que a humanidade se uniu globalmente pela primeira vez, embora de forma negativa, sob a mesma ameaça: o medo da morte por contaminação. Ronald Reagan, 40º presidente dos EUA, estava certo quando disse à Assembleia Geral da ONU, em 1987: "Nossas diferenças globais desapareceriam se enfrentássemos uma ameaça extraterrestre de fora deste mundo."

Essa ameaça tenta corrigir o "erro genético" sumério, modificando geneticamente os seres humanos novamente, mas dessa vez para fazer com que todos percam a capacidade de ascender e ganhar consciência de um reino superior, perdendo assim o potencial de se integrar à 4ª Densidade, que foi antecipada com a Era de Aquário. A Marca da Besta, de uma perspectiva suméria, é um sinal de lealdade e devoção, representado em nosso mundo moderno pelos muitos governos do planeta. Como as pessoas têm medo de morrer ou de serem discriminadas por seus governos e perderem seus direitos básicos, elas tomam vacinas que alteram o DNA disfarçadas de curas, o que, por sua vez, bloqueia seu potencial de ascensão. Em seguida, elas sucumbem a todas as restrições impostas para impedi-las de despertar.

Por isso a Bíblia diz: "Eles enganarão os próprios eleitos" (Mateus 24:24). É muito fácil enganar os eleitos quando eles se perderam em interpretações errôneas por muitos anos. Mas tudo o que precisavam fazer era aproveitar o que está ocorrendo naturalmente. A Era de Aquário, um símbolo da água, representa o momento em que a ascensão promovida por Lúcifer será finalmente assimilada pela humanidade. A humanidade então se junta ao alinhamento cósmico nos céus, tornando-se parte das muitas famílias extraterrestres. Isso acontece naturalmente, por meio do despertar dos próprios sentidos, e só pode ser impedido com a supressão dessa oportunidade, o que explica a obsessão de tantos governos em impedir que as pessoas recebam luz solar.

O aumento do aparecimento de OVNIs nos céus nos últimos anos está relacionado a esses eventos. Os seres humanos estão tendo a chance de ascender por meio da consciência, o que lhes proporcionaria a oportunidade de receber mais sabedoria de outros seres. A batalha final descrita na Bíblia é uma batalha entre os promotores da escravidão e os mensageiros da liberdade. Nela, os seres humanos devem escolher entre Enlil, que representa os alienígenas que desejam escravizar a humanidade e fundi-la com a tecnologia de IA, criando ciborgues obedientes, e Enki, que representa os alienígenas que desejam que os seres humanos da

Terra ascendam em consciência e se juntem a eles como uma raça intergaláctica.

Esse significado, conforme apresentado pela Bíblia, foi distorcido para que os seres humanos negassem esse despertar, que é naturalmente facilitado por um novo alinhamento planetário no cosmos. A Era de Aquário é a Era da Consciência, e só pode ser desperdiçada e rejeitada pela submissão ao dogma e à necessidade de "o céu descer à Terra", em vez do oposto: a ascensão dos seres humanos à posição de igualdade com outras raças extraterrestres, longe do isolamento planetário que eles experimentam agora. Seguindo essa interpretação, vemos que, em vez de libertar a humanidade, muitas religiões a estão colocando de joelhos, com a ajuda dos governos terrestres, que buscam lucrar com a escravização contínua da humanidade e manter as hierarquias que existem há milhares de anos. Isso está acontecendo porque, à medida que a humanidade despertar e enxergar a verdade, o poder dos governos e das religiões de hoje deixará de existir. Eles serão rejeitados à medida que as pessoas perceberem os enganos e as falsidades.

Esse é o significado do Apocalipse bíblico: a destruição final do velho mundo para o início de uma nova era para a humanidade. Apocalipse significa literalmente "revelação", ou seja, a revelação da verdade, o que equivale a dizer que as pessoas não serão mais mantidas na escuridão, prisioneiras das superstições e manipulações dos poderes constituídos. Elas serão libertadas pelo poder da verdade que lhes foi ocultado. Então, será dado à humanidade o direito de ascender a uma consciência mais elevada, liberta da situação em que foi mantida por milhares de anos.

Nesse cenário, qualquer profeta, como Jesus, é inevitavelmente um luciferiano — um seguidor dos ensinamentos e ações de Lúcifer — que busca libertar a humanidade de seu estado de escravidão, despertá-la para sua natureza divina e elevá-la ao estado de deuses. É justamente por dizer que todos os homens são deuses e filhos dos deuses, como disse Jesus, que os profetas do passado se opuseram à hierarquia do planeta e acabaram rejeitados pelas massas ignorantes, além de serem assassinados por aqueles que detinham o poder ou a autoridade religiosa. O início da Era de Aquário traz consigo o potencial para que a humanidade se liberte das correntes da ignorância e da servidão. Ao aceitar a verdade e rejeitar os falsos ensinamentos que nos mantiveram na escuridão, ascenderemos a um estado superior de consciência e nos uniremos ao alinhamento cósmico nos céus.

Capítulo 14: A Verdade Manipulada

A palavra Satanás é a transliteração em inglês de uma palavra hebraica que significa "adversário", mas o adversário do homem é Enlil, e o Deus de amor pela humanidade é Lúcifer. O uso indevido dessas duas palavras criou mal-entendidos que levaram muitos a ver a iluminação como algo ruim, ao mesmo tempo em que faz com que o ruim pareça bom. O ocultismo tem sido associado não à iluminação, mas ao mal. Essa identificação errônea é tão forte hoje em dia que quase todo conhecimento de espiritualidade, inclusive a biblioteca de Nag Hammadi com textos bíblicos originais, é segregado no reino do ocultismo e percebido como algo maligno ou ilegal.

Os seguidores de Satanás, como os verdadeiros inimigos da humanidade, são aqueles que resistem ao despertar coletivo e à ascensão espiritual, optando pelo atual estado de entorpecimento, que mantém as massas acorrentadas a seus mestres. Eles podem ser encontrados em qualquer dogma que vise revertar o propósito da liberação espiritual, como os dogmas das religiões abraâmicas. No entanto, há uma escolha a ser feita em tudo o que fazemos, e podemos escolher a liberdade a qualquer momento, se formos corajosos o suficiente para nos libertarmos dos apegos emocionais criados em torno de outras pessoas ilusórias que certamente mostrarão seus demônios quando estivermos livres.

Grande parte dessa manipulação existe em torno dos conceitos de bem e mal. A superstição, a culpa e o medo, filtrados por um mundo de significados e conceitos manipulados, cegaram as pessoas para a verdade. Essa manipulação de conceitos permitiu que o sistema sumério de hierarquia e autoridade religiosa persistisse até os dias de hoje. Por meio de vários acordos e políticas, os que estão no controle conseguem operar nas sombras e por trás das instituições nas quais as pessoas confiam. Até mesmo o poder do papa é limitado por aqueles que controlam suas palavras e ações. Aqueles que testaram seus limites foram assassinados por seu próprio povo.

Por essas razões, aqueles que são iluminados ou guiados pela Luz são vistos como aqueles que quebraram o feitiço lançado sobre a humanidade e enxergam além do véu de mentiras. Muitos também os veem mergulhados em superstições religiosas, como possuídos por demônios ou controlados por forças malignas, porque o mal passou a ser associado à negação da Hierarquia dos Poderes, como Lúcifer fez. Essa manipulação de significado manteve o conhecimento espiritual fora do alcance das massas e quase destruiu sua credibilidade e propósito, frequentemente corrompidos por aqueles que procuravam usá-lo contra as pessoas que o desejavam.

Em vez de locais de esclarecimento, muitas das promessas feitas pelas sociedades secretas se transformaram em formas mais profundas de corrupção e manipulação. Como os membros não estão cientes disso, não percebem como estão sendo usados para fins malignos.

É interessante notar também que a Igreja, em geral, do Vaticano a todos os outros ramos do cristianismo, associa práticas ocultas a manifestações demoníacas e tenta impedir que seus membros tenham acesso a qualquer coisa que promova o autoconhecimento ou o autodesenvolvimento. A ignorância e o medo das massas permitem um controle mais profundo por meio da tecnologia e de informações, muitas delas de natureza alienígena. Isso é evidenciado pelo fato de que as pessoas possuídas por demônios sempre afirmam ouvir vozes em suas cabeças. Esse controle psicológico não é diferente daquele que oprime as massas por meio de métodos menos diretos e com meios que elas passaram a considerar como seus próprios pensamentos.

Onde quer que você busque a salvação, encontrará os mesmos mecanismos de controle: todas as religiões abraâmicas lhe dizem para obedecer a um Deus invisível que fala com você por meio da mente, para não questionar a autoridade e sua interpretação de livros que muitas vezes têm significados contraditórios e para estar disposto a ser escravizado em um estado de completa submissão ao que é visto como sabedoria superior. Elas também condenam a aquisição de conhecimento sobre si mesmo, especialmente se isso contradiz as ideias promovidas por tais instituições. Isso geralmente leva à exclusão de grupos, o que também assusta as pessoas: a discriminação e a segregação ou, mais especificamente, a perspectiva de ficar sozinho e recomeçar.

O medo de ser expulso de uma tribo à qual se sente pertencer é um medo muito antigo, pois, até centenas de anos atrás, isso geralmente significava pobreza e morte, já que a maioria das pessoas não conseguia sobreviver por conta própria. Hoje, no entanto, a situação é muito diferente. As pessoas são perfeitamente capazes de viver sozinhas e recomeçar, mudando até mesmo de país com facilidade. No entanto, o medo subconsciente presente em nossa estrutura genética e na memória de reencarnações passadas ainda está muito vivo e é utilizado pela religião contra seus seguidores.

Ao se juntar a um grupo religioso, a pessoa é lisonjeada e bombardeada com várias formas de atenção e validação, de modo que aprende a temer perder os vínculos emocionais e a validação social que vêm com eles. A punição por trair a mentalidade do grupo é a perda de todo esse amor ilusório. Essa estratégia é muito semelhante àquela utilizada por indivíduos com transtorno da personalidade narcisista para manter suas vítimas apegadas a eles. Trata-se de uma tática de controle mental por meio das emoções, necessidades e vulnerabilidades das próprias vítimas. De fato, a presa favorita da maioria das religiões são os indivíduos que tendem a se sentir isolados da sociedade. Esses grupos raramente se interessam por pessoas que têm muitos conhecidos e uma vida social saudável, pois são mais difíceis de controlar e manipular. Eles usam exatamente as mesmas táticas que os narcisistas, psicopatas e outros predadores humanos quando procuram vítimas, o que pode explicar por que você encontra tantas dessas personalidades perigosas em uma congregação religiosa.

Capítulo 15: O Éden Revelado.

O Jardim do Éden simboliza muito bem o que leva as pessoas a obedecerem àqueles que as escravizam por meio das religiões abraâmicas. Na verdade, ele era um jardim real na Terra. "O Jardim do Éden descrito no livro de Gênesis 2 é muito semelhante a um jardim real ou ao paraíso persa. Ele tem água em abundância nos rios que correm por ele, frutas e plantas de todo tipo para alimentação, e é 'agradável aos olhos'. Deus mora lá, ou pelo menos visita Adão e Eva como um rei faria em um jardim real" (Laura Hood, em theconversation.com). Essa semelhança tem uma razão de ser, pois, de acordo com os textos sumérios, o Jardim do Éden (uma palavra suméria que significa "terreno plano") é mencionado como estando na Mesopotâmia, entre os rios Tigre e Eufrates, ou seja, entre o Iraque e o Irã modernos, que certamente adotaram a mesma tradição em seus próprios palácios. Os textos sumérios também dizem que o Éden consistia em várias cidades sumérias, cada uma guardada por seu próprio deus, e que, embora humanos e deuses vivessem juntos, os humanos eram servos dos deuses.

A ideia de que havia muitos deuses em vez de apenas um era confusa para aqueles que queriam adotar uma fé monoteísta, por isso esses deuses foram substituídos por anjos nas escrituras religiosas. Embora o significado seja o mesmo, a ideia de que há um Deus em vez de muitos deuses facilita o controle das massas, que passam a ser subservientes a uma única autoridade, em vez de a uma multidão de seres superiores com personalidades diferentes, que os humanos podem ultrapassar em intelecto e conhecimento. De fato, a história de Adão e Eva assume um significado muito diferente se interpretarmos o desejo deles de adquirir a sabedoria de muitos deuses, e não a de um único. É natural que os seres humanos queiram se desenvolver e se tornar melhores, portanto, não era errado querer se tornar semelhante aos deuses.

De acordo com os textos antigos, havia centenas de deuses no Éden, e esses deuses não eram tão diferentes dos humanos, transmitindo certamente muitos costumes e tradições a seus servos. Os textos sumérios dizem que os deuses faziam festas, bebiam cerveja e riam muito. Quando os seres humanos atingiram uma consciência mais elevada, perceberam que esses deuses não eram tão superiores ou diferentes deles, mas apenas mais instruídos. Então, os seres humanos são instruídos a não adorar outros deuses, devido à rivalidade entre eles e suas agendas.

A palavra latina "Lúcifer" significa "estrela da manhã" ou "portador da luz", pois Lúcifer é aquele que leva à iluminação, um estado semelhante ao despertar pela manhã, proporcionado pelo sol. Ele é aquele que faz a humanidade enxergar. Com base nessa ideia, muitas civilizações antigas aprenderam a adorar Lúcifer com o nascer do sol, com a aquisição de conhecimento e com o sexo para fins de procriação.

Jesus confirmou que era um seguidor dos ensinamentos luciferianos ao falar de Deus da seguinte forma: "Sua é a verdadeira luz que ilumina a todos" (João 1:4, 9); e Ele mesmo afirmou: "Eu sou a luz do mundo. Quem me segue não andará em trevas, mas terá a luz da vida" (João 8:12); e "Enquanto eu estiver no mundo, eu sou a luz do mundo" (João 9:15).

Jesus estava interessado em elevar a humanidade por meio de uma compreensão da vida e de uma ideologia que ele próprio seguia. No entanto, a narrativa bíblica adota uma lógica diferente ao retratar Lúcifer como o opressor, o líder dos anjos caídos ou deuses rebeldes, mas também como o diabo, que significa "adversário" e "oponente" da humanidade. O uso errôneo dessas palavras na Bíblia e no Alcorão é a raiz de tanta confusão sobre religião.

Ao ser expulso do Éden, o homem teve de aprender a sobreviver por conta própria, mas também ficou livre de seus senhores, o que é um paralelo com a sociedade atual, pois poucas pessoas ousam sair do sistema e viver de forma independente. A maioria ainda deseja seguir seu programa genético porque se sente mais confortável trabalhando para os outros, escravizando-se àqueles que são considerados superiores. A ideia de que alguém livre do sistema é um rebelde, um pária, um criminoso, é certamente uma memória espiritual vívida que se manifesta hoje como naquela época.

As pessoas ainda agem de acordo com seu programa genético, como pretendido por seus mestres, e continuam com medo de construir suas próprias vidas de forma independente e separada do sistema que conhecem. Na verdade, muitas pessoas que conheço, especialmente aquelas que pertencem a uma religião, não me veem como um profeta, mas como um demônio, porque possuo um conhecimento que transcende e oblitera seus dogmas. Elas me veem como uma ameaça e um insulto à sua existência, não como alguém com quem possam aprender. Elas me consideram mau por saber demais e questionar as mentiras que pregam. Portanto, nada mudou em milhares de anos de absurdo absoluto, escuridão e ignorância, exceto, talvez, pelo fato de que as pessoas não são queimadas vivas em praças públicas por escreverem o que bilhões de almas ignorantes ainda consideram blasfêmia.

A religião reforça esse programa genético ao manter as pessoas obedientes e confundir os adoradores com palavras. Dessa forma, o inimigo fez com que os cristãos adorassem não o Salvador, mas o opressor, e depois mantivessem os mesmos valores impostos pelos opressores do passado. De fato, a melhor maneira de oprimir alguém é mantê-lo ignorante e no escuro, pois ignorância é a ausência de gnose, que é a palavra grega para conhecimento ou informação. Jesus confirmou isso ao dizer: "A luz veio ao mundo, mas os homens amaram mais as trevas do que a luz" (João 3:19). Assim como em Sua época, as pessoas hoje preferem permanecer ignorantes a receber informações que as iluminariam, pois têm medo de serem livres.

Capítulo 16: A Escuridão Que As Pessoas Aceitam

Se a luz é conhecimento, as trevas são ignorância. Por isso, os cristãos consideram os escritos gnósticos uma heresia, e o Vaticano restringe o acesso do público à sua biblioteca, pois esse é, de fato, o caminho das trevas: aceitar passivamente o que nos é dito sem questionar sua validade. Estima-se que os Arquivos Secretos do Vaticano contenham 85 quilômetros (53 milhas) de prateleiras, com 35 mil volumes apenas no catálogo seletivo.

Jesus nos advertiu contra essas pessoas quando disse: "Cuidado com os falsos profetas, pois eles vêm a vocês vestidos de ovelhas, mas por dentro são lobos ferozes" (Mateus 7:15); "Muitos virão em meu nome, afirmando que o tempo está próximo. Não os sigam!" (Lucas 21:8). Claramente, Jesus estava se referindo aos cristãos e muçulmanos, pois são eles que seguem um livro de mentiras enquanto tentam converter os outros por medo da profecia do fim dos tempos. Eles rejeitam a verdade e o autoconhecimento e suprimem informações relevantes para a nossa salvação. São lobos em pele de cordeiro, pois manipulam e distorcem a verdade para promover mentiras.

Os inimigos da iluminação são o dogma, a superstição e a ignorância, como os encontrados em muitas religiões atuais. Com essas características bloqueando sua visão, não é possível enxergar a verdade. A guerra descrita por Cristo é uma guerra contra as religiões populares, e o Anticristo deve ser uma representação dessas mesmas religiões: uma anti-consciência, anti-iluminação ou anti-evolução. O Anticristo viria necessariamente por meio desses grupos e, muito provavelmente, seria alguém que os uniria, assim como os Senhores do Éden se uniram em um único Deus ao criarem o monoteísmo. E se esse Anticristo for um homem, será que ele poderia ser o papa? Ou será que ele não é um homem, mas um conceito, uma ideia?

Curiosamente, os enganos do Anticristo segundo o Alcorão são muito semelhantes ao que as Testemunhas de Jeová dizem sobre as ações de seu próprio Deus cristão. Ambas acreditam que as pessoas ressuscitarão dos mortos, exceto pelo fato de que, para os muçulmanos, esse é um truque realizado por seu falso deus. Segundo as escrituras islâmicas, o Dajjal (ou Anticristo, que os muçulmanos acreditam ser judeu) dirá: "E se eu trouxer seu pai e sua mãe de volta à vida para você? Então, você testemunhará que eu sou o seu Senhor?" Você dirá: "Sim"; então dois demônios assumirão a forma de seu pai e de sua mãe e dirão: "Sigam-no, pois ele é o seu Senhor". Essa poderia ser uma descrição do ato de clonagem humana, um recurso possível graças à tecnologia avançada criada na Terra ou por extraterrestres, ou com a cooperação de ambos.

Quanto à possibilidade de Israel se tornar o local de nascimento do Anticristo, como acreditam os muçulmanos, isso também está dentro da esfera dos eventos prováveis, especialmente se observarmos a bandeira de Israel e notarmos que ela contém o símbolo de Moloque, que não tem relação com o rei Davi do judaísmo. Moloque é mencionado pelo nome na Bíblia (em Jeremias 32:35), onde é associado a Baal, que significa "dono" ou "senhor" nas línguas semíticas do noroeste faladas no Levante nos tempos antigos. Depois, passou a ser aplicado a deuses, no plural, e não no singular.

Moloque também é outro nome para Bel-Marduk, o filho de Enki e a principal divindade da Babilônia. De acordo com os ensinamentos de Jesus, Marduk, como filho de Enki, o portador da luz, reencarna como ele mesmo. Jesus se refere a Enki como seu pai, o que faz do cristianismo uma continuação da religião babilônica. Vemos a confirmação disso em sua oração, que os cristãos repetem inconscientemente, e que termina com "Amém", uma palavra de origem egípcia que significa "Amun".

Amun era o deus egípcio do ocultismo, representado como um carneiro com chifres curvos. Durante o Reino Médio (c. 2055-1650 a.C.), Amun e Rá foram fundidos como dois deuses em um (ou a ideia de que Pai e Filho são um e o mesmo). Como deus do sol, Rá era uma das divindades mais importantes e amplamente adoradas no Antigo Egito, associada ao sol, à luz e ao crescimento. Acreditava-se que Rá governava os céus, a terra e o submundo, e ele estava intimamente associado aos faraós, vistos como seus representantes na Terra.

A palavra "Amém" aparece em hebraico e é usada para expressar concordância, afirmação ou obediência absoluta na fé. Portanto, quando os cristãos terminam suas orações com "Amém", eles estão expressando sua crença no deus Amun-Ra, Pai e Filho, os dois como um só, o governante da luz, do oculto e do submundo ou inferno. Se Moloque e Baal são o mesmo deus, e Moloque é outro nome para Marduk, que também é filho de Enki, de quem Jesus afirmou ser filho, e Amun-Ra, como Pai e Filho, não estariam todos adorando os mesmos deuses?

Como distinguir o Cristo como um ser bom se ele representa Baal, o governante da Terra? Ou o Anticristo seria uma divindade boa nesse cenário? Parece que ou Jesus estava falando de um deus que nunca é adorado, ou ele mesmo estava representando poderes malignos. Se o Anticristo for o próprio Jesus, Baal, Marduk, Moloque e Amon, o príncipe e governante da Terra, então devemos considerar que diferentes entidades foram representadas para ocultar o mesmo nível de opressão e manipulação das massas, conforme as necessidades da época.

Vale a pena observar que Moloque era um antigo deus cananeu associado ao sacrifício de crianças, Baal era o deus da fertilidade e Amon representa o mesmo deus. Então, qual é a diferença entre Jesus, conforme representado? Isso pode parecer confuso para aqueles que esperam o retorno de Jesus, pois é para ser confuso, especialmente se eles não esperam um ser que os subjugará e sacrificará seus filhos. No entanto, essa seria a maior decepção: seres alienígenas trabalhando com governos para restaurar a fé babilônica, com Jesus no centro.

O papa não gostaria de perder esse barco, portanto, é de seu interesse que o cristianismo, o islamismo e o judaísmo se unam nesse engano global. Mas também seria interessante ver como os muitos bilhões de ovelhas que adoram esse deus do sol se escravizariam voluntariamente em nome de sua fé cega, culminando em um retorno às suas origens como escravos com deficiência cognitiva, tão incrivelmente estúpidos que não sabem que estão nus, sendo tratados como animais, em nome da submissão total a forças alienígenas.

Outro paralelo com as religiões antigas é o fato de que, à medida que o culto a Baal crescia em importância, a palavra Baal foi considerada sagrada demais para ser falada em voz alta por qualquer pessoa, exceto pelo sumo sacerdote, e o pseudônimo "Senhor" passou a ser usado em seu lugar. Os babilônios então usaram a palavra "Bel" (que significa "Senhor"), e os israelitas usaram a palavra "Adonai" (que significa "Senhores") para o mesmo propósito e com o mesmo significado. A palavra Baal foi substituída por Yahweh no início da história israelita para significar Aquele que causa a criação.

Capítulo 17: O Engano Desmascarado

Yahweh, Moloque, Marduk, Baal e Jesus passaram a representar a mesma entidade, razão pela qual Jesus é apresentado por muitos grupos como o Filho de Deus e o próprio Deus. O disco solar, chamado de "Aten", era um símbolo importante que representava a energia vital do sol e a conexão do faraó com o poder divino. Esse símbolo é visto hoje em representações de Jesus com um disco solar atrás da cabeça. Entretanto, esse simbolismo fica mais claro quando se percebe que Jesus foi apresentado como parte de uma adaptação do mesmo folclore, provavelmente inventado pelos gregos com base em uma compilação de eventos históricos e na necessidade de narrativas religiosas mais elaboradas.

O fato de que o Novo Testamento foi provavelmente escrito originalmente em grego koiné, o dialeto grego comum do Mediterrâneo oriental durante os períodos helenístico e romano, e depois traduzido para outros idiomas, incluindo latim, copta, siríaco e, mais tarde, hebraico e aramaico, e não o contrário, é uma das muitas indicações nesse sentido. Estima-se que os livros do Novo Testamento tenham sido escritos entre 50 e 150 d.C., portanto, é altamente improvável que as pessoas daquela época tivessem qualquer lembrança de um homem realizando milagres na Palestina, muito menos andando sobre a água e ressuscitando os mortos. Além disso, muitos acreditam que a Biblioteca de Alexandria, da qual muitos estudiosos gregos obtiveram seu conhecimento, foi queimada por aqueles que tentaram esconder a fonte de sua religião recém-descoberta e as evidências de suas falsidades e plágios.

Além disso, vale a pena observar que o Novo Testamento mostra influências da cultura e da filosofia helenísticas, refletindo a influência do pensamento helenístico por meio da interação com as comunidades locais da época. Assim como muitos outros mitos do politeísmo grego, o cristianismo foi apresentado como uma história melhor para entreter as massas, que passaram a acreditar que os deuses eram reais e a adorar Amon como seu deus, sem nenhuma evidência de precisão histórica. Na verdade, os gregos já haviam copiado e adaptado sua própria religião com base nos estudos adquiridos no Egito e no Oriente Médio. Portanto, não é de se surpreender que tenham inventado um folclore mais adequado para entreter as massas crédulas que, apoiadas pelo Império Romano, buscavam melhores ensinamentos sobre moralidade e fé.

O Alcorão menciona que o profeta Elias advertiu contra a adoração a Ba'al, dizendo: "Você invoca Ba'al e abandona o melhor dos Criadores, Alá, seu Senhor e o Senhor de seus primeiros ancestrais?" No entanto, isso significa que ele estava alertando contra a adoração a Jesus. Se cristãos, muçulmanos e judeus adoram "uma multidão de deuses" enquanto se dizem monoteístas, poderíamos dizer que essas passagens, como muitas outras, provavelmente foram inventadas por pessoas que não sabiam do que estavam falando quando inventaram mais uma religião cheia de absurdos para deliberadamente colocar diferentes grupos uns contra os outros.

O grande engano é uma complexa rede de mentiras e manipulação criada para manter a humanidade em estado de ignorância e servidão. Quanto mais confusas as interpretações se tornam e mais os pregadores tentam evitar que as pessoas façam perguntas, mais o absurdo se espalha, a ponto de uma pessoa arriscar a própria vida simplesmente por se recusar a aderir a ele. De fato, segundo a lei islâmica clássica, a apostasia é considerada uma ofensa grave. Algumas interpretações tradicionais prescrevem punições severas, inclusive a morte, para aqueles que abandonam a fé.

Essa visão baseia-se em certos hadiths (ditos e ações atribuídos ao profeta Maomé) e nas ações da comunidade muçulmana primitiva. Em países onde a apostasia é criminalizada, as penalidades podem variar de multas e prisão até a pena de morte. Além das consequências legais, os indivíduos que abandonam o islã podem enfrentar estigma social, ostracismo ou até mesmo violência por parte de suas famílias ou comunidades. Essas consequências sociais podem ser graves e constituem uma preocupação real para muitos indivíduos que decidem abandonar a fé.

Isso faria do Islã a Imbecilidade 3.0, depois que o cristianismo apareceu como Imbecilidade 2.0. Mas o absurdo nunca acaba, especialmente quando observamos as formas modernas de cristianismo que surgem nos Estados Unidos. É muito provável que estejamos nos aproximando do fim dos tempos com uma fusão das religiões mais severas e absurdas, que então oprimirão a humanidade em nome de falsos deuses.

Capítulo 18: A Ascensão Se Aproxima

Os muçulmanos confundem sua religião com o judaísmo e o cristianismo, assimilando os mesmos princípios a partir de uma nova perspectiva, pois se tornou uma religião falsa e cheia de contradições. Dividir e conquistar foi aparentemente a estratégia usada pelos deuses para controlar a população da Terra, levando todos a guerras sem sentido sobre quem é o melhor servo e quem pode produzir os melhores escravos. As guerras santas eram uma tentativa de provar quem estava mais disposto a ser escravizado em nome de uma mentira histórica para trazer a sociedade de volta ao seu estado de servidão absoluta. O objetivo do Islã é o mesmo de qualquer outro grupo: conquistar as mentes daqueles que ainda não foram conquistados e escravizados por falsos ideais. Se você conversar com membros de qualquer grupo religioso, é óbvio que eles consideram sua religião a mais satisfatória. Assim, a divergência de crenças sob a mesma estratégia e valores mantém todos satisfeitos sob o mesmo feitiço manipulador.

A única esperança da humanidade para sair dessa loucura é a reencarnação de seres iluminados de outras civilizações, também conhecidos como Sementes Estelares, bem como o contato direto com seres extraterrestres por meio daqueles que estão prontos para essa interação, chamados de contatados. A possibilidade de ascensão vem dessas almas que falam de civilizações extraterrestres e formas superiores de consciência. Não é de se surpreender que elas sejam retratadas como loucas e ridicularizadas pelas massas. Elas também são rejeitadas pelos seguidores das religiões abraâmicas, precisamente porque podem oferecer o conhecimento que pode quebrar o feitiço sob o qual a humanidade está, fazendo com que as pessoas naturalmente queiram se afastar das falsidades religiosas.

Por outro lado, não devemos ignorar aqueles que usam o tema da vida extraterrestre para fazer exatamente o oposto e, por meio de seu engano, manter a humanidade na ignorância. A tendência de alguns cultos nos últimos anos de retratar Jesus como um comandante extraterrestre de uma nave espacial certamente atendeu àqueles que não conseguem se afastar das mentiras de seus grupos e, ainda assim, desejam algo mais além dessas mentiras. Como os seres humanos ainda são muito limitados em sua capacidade de processar informações e analisar qualquer coisa além do que é conhecido, há uma forte necessidade de simplificar demais, o que impede as pessoas de compreenderem verdades mais elevadas. O cérebro humano ainda é incapaz de compreender e assimilar níveis mais elevados de complexidade, como o descrito aqui, quando as palavras "Lúcifer", "Satanás" e "Diabo" são usadas de forma tão comum e errônea.

A maioria das pessoas não consegue obter a verdade que deseja, mesmo quando pergunta por ela, e é facilmente enganada quando busca essas respostas. As respostas que obtêm são obviamente mais adequadas ao seu baixo nível intelectual. Nessa linha, cristãos, judeus e muçulmanos foram enganados e esperam uma guerra santa no futuro para mantê-los unidos sob uma promessa de salvação baseada na antiga ideia de "nós contra eles". Essa intenção de colocar diferentes grupos uns contra os outros é bem descrita pelo apologista muçulmano Osamah Abdallah, que diz: "Os cristãos acreditam que Jesus descerá à Terra e lutará pelo Estado de Israel... O que me parece bastante irônico é que os judeus, por quem Jesus supostamente lutaria, nem mesmo acreditam nele como Deus ou como um de seus mensageiros. Acreditamos que Jesus descerá à Terra no fim do mundo para lutar contra o exército de Satanás, que consistirá principalmente dos 'judeus maus', ou 'judeus sionistas', como os chamamos hoje, e dos cristãos, hindus, budistas etc. enganados. Alguns estarão entre os 'bons e abençoados' que lutarão ao lado de Jesus".

Como essas religiões são baseadas em mentiras, outra "Guerra dos Deuses" provavelmente mostrará os adoradores dos deuses do Éden enfrentando uma rebelião vinda do céu para impedir essa última tentativa de escravizar a humanidade. Embora os muçulmanos esperem que seja uma guerra entre dois Jesus, é mais provável que seja uma guerra entre duas forças interplanetárias opostas pelo destino da humanidade. No entanto, essa guerra não acontecerá se a humanidade optar por ser escravizada novamente e se recusar a ascender a estados mais elevados de consciência. Por isso, nos últimos séculos, surgiram tantas religiões que pregam as mesmas ideologias. A intenção é garantir que a espiritualidade seja associada apenas a um único Deus, e que esse Deus, promovido como benevolente, sábio e amoroso, seja o mesmo que escravizou a humanidade e a manteve em guerra por todos esses anos: o Deus único dos livros religiosos.

Dessa forma, os mestres que escravizaram a humanidade são capazes de manter seu poder sobre ela, que então se recusará a ser salva por aqueles que realmente têm esse propósito. Isso já está acontecendo, com muitos estudiosos e sacerdotes religiosos afirmando que os alienígenas são espíritos demoníacos, bem como tentativas de fundir homem e máquina, criando uma civilização de ciborgues por meio do uso da nanotecnologia, já presente em muitas vacinas.

Capítulo 19: A Civilização Chipada

O advento da microchipagem e da nanotecnologia promete criar sujeitos mais complacentes do que os dos tempos antigos, pois esses indivíduos podem ser facilmente monitorados e controlados. Esse fenômeno não é novo; ao longo da história, falsos profetas venderam seu povo a ideologias monoteístas, alegando ajudar a humanidade, mas, na verdade, escravizando-a. Hoje, esses falsos profetas são cientistas e especialistas em saúde que, sob o pretexto de progresso, estão levando a humanidade a um feitiço mais profundo do qual ela talvez nunca se recupere.

Jesus alertou sobre essa luta quando disse: "Enviai a vossa luz e a vossa verdade; deixai que elas me guiem" (Salmo 43:3). Ele não estava se posicionando como um líder, mas enfatizando que a verdade e a luz guiariam aqueles que buscassem uma verdade mais elevada. Observe que ele combina luz e verdade, posicionando-se após esses valores, ao contrário dos estudiosos religiosos, que colocam Jesus no centro de seus dogmas. De acordo com Jesus, "as nações que forem salvas andarão na sua luz" (Apocalipse 21:24), o que significa que essas nações escolherão o amor e a verdade em vez do dogma religioso. Quais nações amam a verdade e rejeitam o dogma? Ele poderia estar se referindo às ilhas esquecidas no Oceano Pacífico, que não interessavam ao Vaticano e que os britânicos e franceses ignoraram, ou àquelas onde os pregadores ainda são recebidos com flechas?

A esperança de salvação está em mudar para uma terra sem dogmas ou superstições, mas encontrar esse lugar é difícil, já que quase todo o planeta foi colonizado com mentiras e superstições. Nesse contexto, o luciferianismo não é uma religião do mal, mas da iluminação, pois o verdadeiro mal está no dogma religioso, especialmente no cristianismo e em outras religiões abraâmicas. O cristianismo sempre esteve tão corrompido que até mesmo os primeiros bispos discordavam entre si. Uma das razões era a identidade e o nascimento de Jesus. Por exemplo, Ário, um presbítero e sacerdote de Alexandria, no Egito, propôs que Cristo não era divino, mas um ser criado. O arianismo sustentava que Deus era um ser único e que Jesus era apenas um homem, não o Deus encarnado. Eles rejeitaram a doutrina cristã dominante da Santíssima Trindade.

Os oponentes de Ário, incluindo o bispo Atanásio, argumentaram que o ensinamento de Ário reduzia o Filho a um semideus e minava o conceito cristão de salvação. Entre os oponentes do arianismo estava o bispo Lúcifer Calaritano, que fundou os Luciferianos, um grupo cristão ortodoxo que buscava perpetuar suas opiniões rigorosamente ortodoxas. Esses luciferianos e outros cristãos nicenos venceram o debate, levando à rejeição do arianismo. O imperador Constantino ordenou a pena de morte para aqueles que se recusassem a renunciar aos escritos arianos, condenando-os como hereges. Essa doutrina luciferiana, dominante em muitas congregações cristãs modernas, nos diz que Cristo e Deus são, ao mesmo tempo, iguais e diferentes, o que significa que, quando Cristo orou, ele estava essencialmente falando consigo mesmo, embora fossem duas entidades diferentes. Esse conceito é desconcertante e levanta questões sobre a coerência das crenças cristãs.

Podemos supor que Lúcifer e Jesus são pai e filho, ou que Jesus seria um clone de Lúcifer, mas isso exigiria o reconhecimento da existência de Lúcifer e de um processo de clonagem. Enquanto isso, várias seitas cristãs ficam chocadas ao ouvir padres no Vaticano cantando em latim: "Oh, Lúcifer, que nunca será derrotado, Cristo é seu filho". No entanto, essa frase é coerente com as crenças cristãs, já que os luciferianos venceram o debate e declararam que Jesus é o Filho de Deus e Lúcifer. Tudo o mais que vemos em várias denominações cristãs não passa de ramos diferentes do mesmo absurdo enraizado. Esse absurdo generalizado sugere que, se você acredita em Jesus como o Filho de Deus, também acredita que os milagres da Santa Igreja são realizados em nome de Lúcifer e que os luciferianos representam o verdadeiro ramo do cristianismo.

Não é irônico que a Inquisição tenha torturado e queimado milhares de pessoas com base na mesma premissa? Parece que a Santa Igreja não é muito diferente de sociopatas e narcisistas oportunistas que tentam esconder sua maldade acusando falsamente, humilhando publicamente e depois punindo de maneira sadista. Por que, então, os cristãos teriam dificuldade em aceitar que o Vaticano está envolvido em abuso de crianças e talvez em sacrifícios rituais em câmaras ocultas? Essas práticas não são coerentes com a fé? Talvez sejam mais consistentes do que muitos cristãos admitem. De fato, muitos estudiosos acreditam que o Jesus bíblico não foi preso por causa de sua fé, mas por ser um pedófilo envolvido em práticas ritualísticas com crianças. Isso é sugerido no Evangelho de Marcos (14:51-52), que afirma que Jesus foi preso no Jardim do Getsêmani depois de ter sido encontrado com "um jovem que vestia apenas uma roupa de linho", que "fugiu nu, deixando para trás sua roupa" após a prisão de Jesus.

A palavra grega traduzida como "jovem" é neaniskos, que era associada a adolescentes. Isso faz com que Jesus se torne semelhante ao profeta Maomé, que se casou com Aisha, uma menina de seis anos. Mas até onde chegamos desde então? No Irã, a idade legal para o casamento de meninas é 13 anos; no Paquistão e na Indonésia, 16 anos; e no Afeganistão, mais de 35% das meninas se casam antes dos 18 anos, muitas vezes com 9 ou 10 anos. Isso geralmente é feito com o consentimento da família, que vende suas filhas contra a vontade delas para quem der o maior lance. Ou seja, a religião legitimando e legalizando a pedofilia e o estupro.

Quanto aos crimes do cristianismo, de acordo com um relatório de 2004 da Faculdade de Justiça Criminal John Jay, encomendado pela Conferência dos Bispos Católicos dos EUA, cerca de 4.392 padres foram acusados de abuso sexual entre 1950 e 2002, mas apenas 10% foram processados e condenados à prisão. Na Austrália, de acordo com a Comissão Real sobre Respostas Institucionais ao Abuso Sexual Infantil, 1.880 padres que trabalharam entre 1950 e 2010 foram acusados de abuso sexual infantil, mas menos de 10% foram processados e condenados à prisão.

Capítulo 20: Segredos Revelados

Fundado em 2010 pelo Reverendo Kevin Annett — indicado ao Prêmio Nobel —, o Tribunal Internacional para Crimes da Igreja e do Estado tem como objetivo unir sobreviventes de genocídio e tortura de crianças de todo o mundo, além de construir um amplo movimento político, espiritual e jurídico para desmantelar o Vaticano e outras igrejas e governos responsáveis por crimes históricos e contínuos contra crianças e a humanidade. O tribunal encontrou evidências apresentadas no Tribunal de Direito Comum de Bruxelas de que mais de 50 mil crianças desaparecidas são supostamente vítimas de um culto internacional de sacrifício infantil conhecido como o Nono Círculo. Um documento da Ordem dos Jesuítas Católicos intitulado "Privilégio Magisterial" (datado de dezembro de 1967) foi apresentado ao tribunal pelo promotor-chefe, mostrando que cada novo papa era obrigado a participar dos sacrifícios rituais satânicos do Nono Círculo, inclusive bebendo o sangue de crianças recém-nascidas.

"Documentos dos arquivos secretos do Vaticano apresentados ao tribunal também mostram claramente que, durante séculos, os jesuítas planejaram premeditadamente assassinar bebês recém-nascidos sequestrados e consumir seu sangue em rituais", disse o promotor-chefe aos cinco juízes internacionais e 27 jurados. O plano nasceu de uma noção distorcida de obter poder espiritual a partir do sangue dos inocentes, garantindo assim a estabilidade política do papado em Roma. Esses atos não são apenas genocidas, mas também sistêmicos e institucionalizados. "Desde pelo menos 1773, eles parecem ter sido realizados pela Igreja Católica Romana, pelos jesuítas e por todos os papas" (Christianobserver.net). No entanto, tudo isso está de acordo com o sistema de crenças deles, pois, se Cristo é o filho de Lúcifer, então Cristo é Moloque, Baal e Bel-Marduk, a divindade a quem os babilônios ofereciam sacrifícios de crianças.

A mitra religiosa usada pelo papa e seus bispos representa a cabeça de um peixe em homenagem a Enki, o deus sumério da água, da criação e do conhecimento, também conhecido como Lúcifer na interpretação moderna dessa história. O mau uso das palavras é abundante e naturalmente confuso, como quando usamos a palavra "Deus" para representar o oposto de "cão", implicando o oposto de uma criatura amorosa, leal e compassiva, para caracterizar um governante brutal e tirânico. Isso não é mera coincidência, considerando que, no culto do Bohemian Grove, políticos e outras personalidades famosas participam de cerimônias de cremação em frente a uma coruja gigante de 12 metros, que representa Moloque.

Entre as personalidades notáveis que participaram dessa loucura ao longo dos anos, na qual os membros ficam nus, vestem apenas trajes brancos e pretos, adoram uma coruja e passam alguns dias cercados por prostitutas, estão (em ordem alfabética) Ambrose

Bierce, Art Linkletter, Bret Harte, Calvin Coolidge, Charlie Chaplin, Charles Schwab, Clint Eastwood, Colin Powell, Douglas Fairbanks, Dwight Eisenhower, Frank Borman, George Bush Sr., , Gerald Ford, Henry Kissinger, Herbert Hoover, Jack London, Mark Twain, Pete Wilson, Richard Nixon, Ronald Reagan, Wally Schirra, Walter Cronkite, Will Rogers e William Howard Taft. A rainha Elizabeth II da Grã-Bretanha também esteve lá em 1983. "Sua Majestade foi homenageada com uma cerimônia de dança pagã extática, completa com adereços de palco caros e elaborados, como pirâmides egípcias e zigurates babilônicos" (em Money for Power, de John P. Hunter III).

O propósito de adorar essa coruja, em um ritual no qual a pessoa abandona seus sentimentos de compaixão, empatia e amor pela vida humana, não é a única coisa que está acontecendo. Há relatos de orgias homossexuais selvagens com prostitutas e prostitutos envolvidos em um jogo sexual extremo, crianças pequenas sendo exploradas de maneiras indescritíveis, incluindo assassinatos rituais a sangue frio. Há relatos de sacrifícios humanos reais no "altar" da estátua do Deus Coruja (em Secret Societies, de Nick Redfern).

É compreensível que tudo isso seja difícil de acreditar, até que o repórter Alex Jones conseguiu se infiltrar no local e registrar o evento real que estava ocorrendo. Em essência, líderes de todo o mundo e em várias posições de poder estão demonstrando sua lealdade aos deuses praticando rituais que demonstram o abandono da empatia, pois somente um impulso psicopático pelo poder e contra a humanidade pode justificar a manutenção de tais figuras em lugares de influência. Assim, podemos dizer que não há diferença entre as suposições feitas sobre Moloque, o deus do mal puro. Embora possamos debater se Jesus representa o bem ou o mal, não há dúvida de que muitas mentiras e abusos são perpetrados em seu nome, mantendo as massas dóceis e obedientes àqueles que adoram corujas gigantes e se envolvem em festas sexuais em massa.

Capítulo 21: Poder e Fé

Os cristãos foram enganados para adorar Moloque, que se disfarçou de uma figura mitológica chamada Jesus que nunca existiu? Há um conflito de fé quando figuras públicas famosas afirmam ser cristãs, mas depois são acusadas de sacrificar crianças e praticar bruxaria?

Na antiga Babilônia, as pessoas adoravam Moloque, sacrificando crianças a ele, exatamente como a ex-secretária de Estado dos EUA, Hillary Clinton, supostamente fez, conforme revelado pelo Wikileaks a partir de e-mails de 2009 para o ex-conselheiro do presidente Barack Obama, John Podesta. O escândalo dos e-mails Clinton-Podesta está repleto de referências à pedofilia e ao satanismo, como "cozinhar espíritos" e "sacrificar uma galinha", que muitos afirmam ser um código para crianças. O Salmo 106:34-43 diz o seguinte sobre os babilônios: "Eles sacrificavam seus filhos e filhas aos demônios, derramando sangue inocente, o sangue de seus próprios filhos e filhas, que eles sacrificavam aos ídolos de Canaã, contaminando a terra com derramamento de sangue".

Ted Gunderson, ex-diretor do FBI, também apresentou evidências de que as elites do mundo estão envolvidas em sacrifícios de crianças. Ele afirmou que existe uma rede internacional de tráfico de crianças e pedofilia associada a vários rituais. Esses rituais incluem a venda de crianças como escravas e seu transporte aéreo para Washington, D.C., para serem usadas em orgias sexuais por políticos. Com mais de 100 mil crianças desaparecidas todos os anos nos EUA, Gunderson afirmou que o FBI é cúmplice do encobrimento. Não é de se surpreender que o caso de Hillary Clinton tenha sido esquecido. De acordo com James Kallstrom, ex-diretor assistente do FBI, Bill e Hillary Clinton fazem parte de uma "família do crime" que criou um cartel para subornar e intimidar autoridades de alto escalão sempre que um de seus crimes estiver sendo investigado. Ele também disse que Hillary Clinton é uma "mentirosa patológica" e agressora sexual predatória, e que Bill Clinton é um estuprador em série, cujos crimes foram encobertos por sucessivas gerações de funcionários corruptos na folha de pagamento dos Clinton.

Diz-se que as imagens encontradas no laptop de Anthony Weiner (marido de Huma Abedin, preso em 2017 por manter relações sexuais com uma menor de idade) fizeram com que alguns dos policiais mais duros da polícia de Nova York chorassem, vomitassem e procurassem ajuda psicológica. Fontes afirmam que o vídeo mostra Hillary Clinton e Huma Abedin estuprando, mutilando e aterrorizando uma menina pré-púbere, fazendo com que o corpo da criança libere adrenocromo em sua corrente sanguínea antes de sangrá-la e beber o sangue em um ritual satânico de sacrifício. De acordo com pessoas familiarizadas com a droga preferida da elite, beber esse sangue produz um efeito "intenso" e "exótico".

Seja parte de um sacrifício de sangue ou não, a tendência de beber sangue está crescendo em todo o mundo e se tornando um grande negócio. "Comunidades de pessoas comuns — enfermeiras, funcionários de bares, secretárias — bebem sangue humano regularmente" (BBC.com). De acordo com Dame Linda Partridge, geneticista da University College London, "a pesquisa mostra que o sangue jovem poderia permitir que as pessoas vivessem livres de doenças como câncer e doenças cardíacas até a morte" (The Times). Os pesquisadores da startup Ambrosia observaram melhorias nos biomarcadores de várias doenças depois que 70 participantes de um estudo receberam plasma — o principal componente do sangue — de voluntários com idades entre 16 e 25 anos. Outra startup, chamada Elevian, anunciou que recebeu um investimento de US$ 5,5 milhões para apoiar sua abordagem. Atualmente, a Ambrosia oferece plasma sanguíneo de adolescentes para clientes mais velhos a um custo de US$ 8.000 por dois litros e meio. Será que as religiões não passam de organizações inventadas para esconder as perversões do mundo que nunca deixaram de existir?

Além disso, por que tantas religiões ainda usam o nome Jesus, se não há nenhuma evidência secular do primeiro século que apóie a existência de alguém chamado Yeshua Ben Yosef? Embora o período em que se diz que Jesus Cristo existiu seja um dos mais documentados da história antiga, não há praticamente nenhuma evidência histórica de sua suposta existência em nenhum registro histórico contemporâneo, o que certamente não passaria despercebido se ele realizasse tantos milagres.

Bart Ehrman, professor de estudos religiosos da Universidade da Carolina do Norte em Chapel Hill e da Universidade Rutgers, disse: "Por mais estranho que possa parecer, não há menção a Jesus por nenhum de seus contemporâneos pagãos. Não há registros de nascimento, transcrições de julgamentos, certidões de óbito; não há expressões de interesse, calúnias acaloradas, referências passageiras — nada. Na verdade, se estendermos nosso campo de interesse para os anos após sua morte — mesmo se incluirmos todo o primeiro século da era comum —, não há uma única referência a Jesus em nenhuma fonte não cristã nem judaica de qualquer tipo". Ehrman acrescenta: "Temos um grande número de documentos do período, como os escritos de poetas, filósofos, historiadores, cientistas e funcionários do governo, por exemplo, sem mencionar a grande coleção de inscrições sobreviventes em pedra, cartas particulares e documentos legais em papiro. Em nenhum desses escritos, o nome de Jesus sequer é mencionado."

Alex Collier explicou: "Constantino estava tão ocupado queimando os recursos do Império Romano e acabando com as guerras religiosas que decidiu criar uma religião estatal. Ele então pegou as religiões do Ocidente, que adoravam Ísis, e as religiões do Oriente, que adoravam Krishna, e as juntou, criando o 'Isos-Kristos' que conhecemos hoje como Jesus Cristo" (Em Defense of Sacred Ground).

Capítulo 22:
A Trindade Desmascarada

O problema fundamental enfrentado pelo Concílio de Nicéia é que, ao separar Cristo de Deus, você o rotula como apenas mais um profeta, como afirma a fé islâmica, e corre o risco de fazer com que a Igreja Cristã desapareça. Essa separação também distancia o cristianismo de suas raízes sumérias e babilônicas, dando mais importância aos ensinamentos dos primeiros gnósticos e permitindo o surgimento de mais controvérsias entre os grupos religiosos que eles buscavam suprimir. Além disso, ao afirmar que Deus é um só, mas não o mesmo que Jesus, os valores dos ensinamentos cristãos se tornam relativos às interpretações de cada grupo rival.

De acordo com Everett Ferguson, "a grande maioria dos cristãos não tinha uma visão clara sobre a natureza da Trindade e não entendia o que estava em jogo nas questões que a envolviam" (em História da Igreja, volume 1). Embora os proto-ortodoxos tenham vencido disputas anteriores, foram declarados hereges não por lutar contra ideias consideradas teologicamente corretas, mas por suas posições não atenderem à precisão e ao refinamento exigidos pela fusão de várias proposições contraditórias aceitas simultaneamente por teólogos ortodoxos posteriores. Bart Ehrman argumenta que é por isso que a Trindade é um conceito tão absurdo, irracional e, ainda assim, necessário. Se isso faz algum sentido, a ideia de uma Trindade teve que ser aceita para que houvesse acordo entre as divergências.

A decisão final teve mais a ver com a sobrevivência da Igreja Cristã do que com a lógica, e os luciferianos acabaram justificando seu nome com a crença de que Cristo era a representação de Moloque na Terra e que a ascensão a Lúcifer só poderia ser feita por meio de Cristo. E, embora isso não signifique que os cristãos sejam maus por adorarem Moloque por meio da figura de Jesus e símbolos sexuais por meio do uso da cruz, muitos deles, e quase todos que conheci, são de fato muito maus. É difícil não ser influenciado por um engano maligno quando se participa dele voluntariamente. Seria como dizer que há pessoas compassivas no exército que não querem matar ninguém.

A razão pela qual o cristianismo aceita as predisposições malignas de seus membros é explicada pelos dogmas de seu sistema de crenças e pela forma como ele é construído, pois somente aqueles que não ousam questionar e participam voluntariamente de um culto de obediência e figuras infantis seriam atraídos por uma ideologia que perpetua tais atitudes de baixa vibração. Esses indivíduos de baixa vibração são igualmente e facilmente manipulados por meio de sua predisposição baseada no medo, sem que lhes sejam apresentadas as exigências. É uma mentalidade infantil em que as ideias de um Deus apresentado como uma figura paterna se encaixam bem na deficiência cognitiva de seus seguidores.

Sempre que alguém desce à vibração do medo — medo de não ser aceito por uma comunidade cristã, medo do que os outros pensam, medo de não ir para o céu, medo de não ser escolhido em um suposto arrebatamento para o céu, entre outros —, ele deixa de ser um cocriador, um brilho da luz da criação, e se torna uma criatura das trevas, sujeito à apatia e a um papel passivo nos eventos que se desenrolam diante dele. Ele se torna um voluntário de sua escravidão e declínio espiritual. Quando alguém espera ser salvo por alguma força externa misteriosa que manipula e reduz seu potencial cognitivo, ele abandona a consciência, a responsabilidade e a criatividade espiritual, que são exatamente as vibrações opostas manifestadas em um ser humano.

Esse indivíduo desce à vibração mais baixa, que é a apatia, o estado mental mais próximo da morte, e é por isso que tantos cristãos parecem desejá-la, muitas vezes acima do desejo de fazer o bem aos outros. Aqueles que vivem com medo e terror são facilmente manipulados, pois seus pensamentos são baseados na sobrevivência e no instinto. Eles estão concentrados em suas próprias necessidades. Seu cérebro reptiliano é constantemente estimulado, o que explica por que muitas pessoas religiosas parecem ser racistas e hostis a outras religiões. Elas são movidas pela parte do cérebro que lhes diz que suas vidas estão em perigo, que há forças opostas contra elas e que sua existência é mais importante do que a dos outros.

Essa mentalidade foi o que levou os europeus a combater os muçulmanos na Idade Média e depois os levou a acreditar que qualquer pessoa que não fosse cristã era uma ameaça, justificando assim o genocídio em massa de muitas tribos na América do Sul e do Norte. Isso também levou a muitas representações errôneas de budistas e hindus como adoradores do demônio e a uma falta de empatia com os membros desses grupos religiosos. A maioria dos cristãos está tão envolvida na vibração do medo que vê os alienígenas como espíritos demoníacos descendo do céu e sua tecnologia de mudança de forma como prova disso, o que os torna não muito diferentes dos caçadores de bruxas dos séculos passados, que viam a leitura de qualquer livro que não fosse a Bíblia como uma prática de adoração ao demônio.

O que estou tentando dizer aqui é que a religião deles não é o que eles pensam, afirmam ou foram ensinados a pensar que é, nem nunca foi. As pessoas mais maldosas, mentirosas, caluniadoras, psicologicamente abusivas, incivilizadas e ofensivas que já conheci em toda a minha vida foram todos cristãos de várias denominações e religiões. Seu nível de ressentimento e ódio, escondido por trás de uma fachada de falsa amizade, ultrapassa a compreensão humana. No entanto, eles parecem tão confusos quanto necessitados de terapia, pois não demonstram compaixão pelos outros. Eles acreditam que a compaixão está condicionada ao dogma que defendem e que só é merecida por aqueles que pertencem à mesma congregação.

Os dogmas que os cristãos seguem não os tornam melhores, mas sim mais arrogantes, narcisistas e egoístas. E não há maior demonstração disso do que ouvir pessoas em protestos na Polônia afirmando que não querem árabes em seu país porque a Polônia é uma nação cristã. Esses cristãos poloneses parecem ser estúpidos demais para perceber que Jesus também era árabe. Ele não seria bem-vindo neste país, que o retrata como um homem branco de cabelos loiros e onde os habitantes locais desprezam qualquer pessoa que não seja de pele branca.

A Polônia é um dos muitos exemplos do que a má interpretação e a estupidez religiosas podem fazer com uma nação inteira, que deveria desaparecer para que um futuro melhor seja possível para os povos do mundo. Além disso, não se deve permitir que eles continuem a promover divisões com base em uma ideia ilusória de supremacia racial, como fizeram durante a ocupação nazista. No entanto, o cristão europeu e americano médio de hoje não estaria disposto a se sentar ao lado de alguém de aparência palestina, alguém que provavelmente se parece com o Jesus que eles dizem seguir.

O cristianismo moderno está repleto de racistas e de uma estupidez absoluta. Muitas pessoas religiosas que conheci nos EUA e em países europeus afirmam ser cristãs, mas são extremamente racistas. Isso não faz sentido algum. Porém, o racismo pode ser tão óbvio que os cristãos nem tentam escondê-lo, como quando entrei em uma catedral em Londres com uma garota branca e loira ao meu lado. Eles imediatamente tentaram falar com ela e recrutá-la, ignorando-me completamente. Já presenciei esse tipo de comportamento diversas vezes. Não é possível ser cristão e racista, a menos que se seja psicopata, hipócrita e extremamente estúpido. Essas três palavras descrevem os cristãos modernos com precisão.

Capítulo 23:
O Cristianismo Desmascarado

Os cristãos mais devotos costumam ser indivíduos muito maus, pois o cristianismo, da forma como é praticado, promove a divisão e a desconfiança entre cristãos e os demais membros da sociedade. Ele constrói cultos e comunidades fechadas em torno da ideia de superioridade moral e incita mensagens subliminares de ódio contra não cristãos e não brancos, especialmente em comunidades em que Cristo é retratado como um símbolo da supremacia branca, quando, na verdade, ele é um homem palestino.

Participei de dezenas de grupos cristãos diferentes por várias décadas e posso dizer, sem sombra de dúvida, que os cristãos são algumas das pessoas mais perversas que já conheci. Sua maldade nem sempre é visível para os outros; ela vem do desprezo por pontos de vista diferentes, do ressentimento com aqueles que lhes fazem perguntas que eles não conseguem responder, das visões racistas e do comportamento tóxico associado a seus dogmas e interpretações da Bíblia. Em particular, seus pontos de vista sobre o fim dos tempos e a alegria que sentem ao descrever a morte de outras pessoas para sua ascensão são perturbadores e lhes conferem um senso de superioridade ilusória, semelhante ao que se observa em indivíduos com transtorno de personalidade narcisista.

Quanto ao retorno do Deus-Lúcifer das religiões judaico-cristãs, pelo qual muitos estão esperando, tenho más notícias: Deus está morto. De acordo com as histórias sumérias, Enki, ou Lúcifer, foi assassinado por seu irmão, Enlil. Seu túmulo está em Marte. Enki não voltará para salvar a humanidade. Se o fizer, será um evento encenado com o objetivo de enganar a humanidade e levá-la à servidão completa. A menos, é claro, que estejamos lidando com o retorno de sua reencarnação, o que se aproxima mais das crenças modernas e antigas. Isso de fato faria sentido, mas o problema é que os cristãos não acreditam na reencarnação. Eles construíram uma história muito mais ilógica do que a dos antigos, que pelo menos tinham maneiras mais convincentes de se racionalizar.

Como William Bramley explica em Deuses do Éden, "A humanidade parece ser uma raça escrava definhando em um planeta isolado em uma pequena galáxia. Como tal, a raça humana já foi uma fonte de trabalho para uma civilização extraterrestre e continua sendo uma possessão até hoje. Para manter o controle sobre sua posse e manter a Terra como uma espécie de prisão, essa outra civilização gerou conflitos intermináveis entre os seres humanos, promoveu a decadência espiritual e criou condições físicas implacáveis na Terra. Essa situação persiste há milhares de anos".

Após a morte de Lúcifer, os deuses procuraram eliminar as rivalidades entre si e devolver a humanidade ao seu antigo estado de servidão. Isso foi feito por meio dos representantes de Lúcifer, que introduziram o monoteísmo e várias religiões para confundir as massas. Para que esse plano fosse bem-sucedido, os rituais dedicados a Lúcifer, que deveriam representar a liberdade da opressão, foram coletivamente reinterpretados como uma forma de demonstrar subserviência aos deuses. Assim, o batismo, em vez de ser um ritual de libertação espiritual dedicado a Lúcifer, tornou-se um ritual de escravização aos deuses. Os símbolos de Lúcifer também foram separados de seu verdadeiro significado e agora estão associados ao mal, como o da serpente.

Lúcifer não era apenas um cientista, mas também um deus-sacerdote, muitas vezes representado como uma serpente, pois esse é o símbolo da ascensão espiritual. A serpente era o símbolo de sua religião e ainda hoje é associada na Índia à energia kundalini, que representa a ascensão de nossa energia vital por meio dos chakras do corpo. Essa informação foi suprimida, e tudo o que representava a serpente passou a ser odiado e temido, como no significado bíblico atribuído à reação de Deus à serpente na alegoria. O que antes era uma religião de esclarecimento foi corrompido por uma religião de dogmas, superstições e medo apocalíptico. Assim, a humanidade foi enganada e passou a temer os próprios ensinamentos que a levariam à iluminação. Ao se autodenominarem um só, os deuses substituíram a adoração anterior a Lúcifer.

Desde então, os verdadeiros ensinamentos do Espírito foram corrompidos ou ocultados. Esse tem sido o caso de todos os novos grupos que tentaram educar a humanidade nos mistérios ocultos, incluindo aqueles que afirmam ser ramos do Iluminismo egípcio. O satanismo, que deveria ser uma oposição à escravidão e à ignorância promovidas pelos ensinamentos bíblicos, tornou-se uma religião de ódio, vítima dos truques da fé cristã. O budismo, em sua essência, preservou por muito tempo os ensinamentos originais de alcançar o nirvana por meio de uma prática que torna a pessoa mais consciente. Hoje, no entanto, é exatamente o oposto: muitos budistas estão convencidos de que o propósito do budismo é não ter pensamentos e se tornar um nada, desapegado de tudo.

Embora possamos discutir se Cristo realmente existiu ou se foi apenas uma invenção grega, não há dúvida de que os ensinamentos gnósticos associados a essa figura buscavam iluminar e libertar a humanidade da ignorância, com ensinamentos paralelos aos de Buda. Por essa razão, muitos budistas pensaram que ele poderia ser o segundo Buda, destinado a dar sequência aos ensinamentos originais, já que a mensagem de amor e autoconfiança era a mesma, e ambos falavam de uma força criativa no universo. Porém, esses ensinamentos se perderam por quase dois mil anos e, uma vez encontrados, foram completamente ignorados por aqueles que afirmam seguir o cristianismo. Os cristãos modernos seguem dogmas e não se importam com a verdade, principalmente se ela os contradiz.

Como não existe o bem e o mal, mas um processo de ascensão no qual a maior parte da humanidade está no fundo, as religiões abraâmicas têm mantido a humanidade na escuridão sobre sua natureza e seu potencial. O absurdo propagado por esses grupos funciona como um show de marionetes que promove a divisão, o ressentimento, a dualidade e o antagonismo, e é dirigido pelos mesmos marionetistas que vêm desempenhando os dois papéis nesse show há milhares de anos. Ao explorar a polaridade entre o medo extremo e a obediência absoluta, esse grupo consegue manter o controle sobre as massas crédulas, extremamente ignorantes e primitivas, que imploram para serem escravizadas em uma atitude completamente subserviente àqueles que acreditam ser seus salvadores.

Capítulo 24: Abraão Enganado

É fácil para as forças externas enganar as pessoas, pois as religiões abraâmicas não passam de um teatro de tolices. Tudo o que precisam fazer é convencer as pessoas de que estão interagindo com Deus, demônios ou anjos, e reproduzir algumas imagens holográficas que representam o que elas têm em mente. Não seria difícil supor que alguém pudesse viajar no tempo, mostrar um holograma com a aparência de um anjo a um homem antigo e fazê-lo acreditar em qualquer coisa. Entretanto, os escritos antigos, ao contrário das crenças modernas, não escondem o fato de que esses anjos eram visitantes de outros planetas, nem sempre com as melhores intenções em relação à humanidade.

Com base nesses fatos, poderíamos nos perguntar se o Vaticano é responsável tanto por convidar forças malignas quanto por treinar exorcistas para combatê-las, assim como a CIA e o Mossad treinam organizações terroristas com a intenção de derrubar os regimes que não desejam manter no poder e, em seguida, enviam suas tropas para combater esses grupos quando essas organizações se tornam não cooperativas. Várias investigações, principalmente as reveladas pelo repórter Gary Webb, também provaram que a CIA fornece traficantes de drogas nas principais cidades dos EUA e usa o dinheiro das drogas para financiar operações ilegais, enquanto assassina lentamente a população de baixa renda do país.

Esse jogo de gato e rato mantém as massas distraídas com sua própria necessidade de sobreviver, divididas, amedrontadas e, sobretudo, obedientes. Quando isso não basta para mantê-las obedientes e sob controle, a CIA droga e hipnotiza criminosos por meio de vários projetos, como o MK-Ultra, para que cometam exatamente aquilo que a CIA jurou proteger as pessoas: tiroteios em massa. O pânico geral é uma excelente estratégia para manter as pessoas em casa e distraídas, impedindo-as de interferir em questões mais importantes.

Ilusionistas como Derren Brown mostraram como é fácil hipnotizar uma pessoa aleatória na rua e convencê-la a acreditar em qualquer coisa, até mesmo em um simples jogo de fliperama. Como muitos ilusionistas já comprovaram, a grande maioria da população é suscetível à hipnose e acreditará em qualquer coisa que você disser. Essas táticas são semelhantes àquelas usadas ao longo da história para criar muitos supostos messias e profetas. Muhammad, por exemplo, estava semiconsciente ou em transe quando o anjo Gabriel ordenou que ele "Recitasse!" e registrasse a mensagem que estava prestes a lhe dar. A ordem do anjo a Maomé era semelhante à dada anteriormente a Ezequiel no Antigo Testamento e a João no Livro do Apocalipse. Ao acordar, Maomé pareceu ter a impressão de que as palavras do anjo estavam "escritas em seu coração", o que indicava que ele havia sido drogado e psicologicamente programado para transmitir as mensagens recebidas.

A missão de Maomé era criar uma nova religião chamada "Islã", que significa "rendição" — um passo adiante na ideia monoteísta de obedecer ao "Deus único". Assim, os seguidores do Islã devem se "submeter" a Deus, e como os membros da fé de Maomé são chamados de "muçulmanos", ou seja, aqueles que se submetem, eles formam outro grupo de ovelhas obedientes, cegas e ignorantes. Maomé também disse que "Alá" é o mesmo Deus que o Jeová judeu e cristão. Portanto, a intenção de criar outro grupo de escravos para colocar as pessoas umas contra as outras era clara. Esses deuses criaram deliberadamente diferentes religiões monoteístas para manter as pessoas em guerra constante e fortalecer a fé delas na religião de escravidão escolhida.

Todas as religiões abraâmicas têm o mesmo propósito, e o monoteísmo, pelo menos como apresentado por elas, foi criado para manter as pessoas em guerra em nome de mentiras. Isso é evidenciado pelos nomes hebraicos de Deus — Adonai e Elohim — ambos no plural, e não no singular, assim como a palavra Jeová, que vem da palavra Adonai, e a palavra Alá, que significa Jeová.

Paul Anthony Wallis explica que, "Se traduzirmos a palavra Elohim em seu significado original, em vez do que os tradutores estão fazendo atualmente, ela não se refere a Deus em nenhum dos casos. E se nos afastarmos dessas escolhas arbitrárias, porque elas são arbitrárias, é apenas de acordo com o que está acontecendo na ação que se determina qual dessas palavras é escolhida... E se usarmos apenas o significado da raiz? Como as histórias mudariam? No momento em que isso é feito, as histórias mudam, mas não de forma aleatória; a forma como elas mudam é que se assemelha às antigas histórias sumérias, babilônicas, árcades, assírias e às histórias ancestrais de culturas de todo o mundo. De repente, fica claro que as histórias bíblicas dos poderosos são uma recontagem das histórias sumérias do povo celestial ou das histórias maias daqueles que fizeram o homem. Não se trata de histórias sobre Deus. Deus não é mencionado nelas. Essas histórias são a memória do contato entre nossos ancestrais e visitantes extraterrestres que vieram de outro planeta, colonizaram a Terra e criaram geneticamente nossos ancestrais para que trabalhassem para eles. Essa é a história oculta na Bíblia. Se você fizer essa única alteração na tradução, a história o encara de frente" (em Jeff Mara Podcast).

Capítulo 25: Alienígenas e Origens

Os cristãos seguem inadvertidamente uma religião alienígena e adoram as forças duais manifestadas por essas entidades. Eles buscam e evitam as mesmas energias, como se o bem e o mal fossem apenas diferentes expressões emocionais dessas entidades. Como explica Paul Anthony Wallis, "No momento em que você tem duas entidades discutindo sobre o quanto os seres humanos devem ser inteligentes, e a entidade traduzida como Deus quer seres humanos tão pouco inteligentes que nem sabem que estão nus, isso mostra o quanto o personagem Deus está interessado no progresso humano... No momento em que você faz o trabalho de tradução, percebe que essa não é a história de Deus e o Diabo se enfrentando, mas a história dos Poderes Que São discutindo entre si sobre o quão inteligentes eles querem que os seres humanos sejam. E há uma pessoa, uma facção, que rompe as fileiras e diz: 'vamos fazer uma atualização, vamos levá-los de totalmente masculinos para masculinos e femininos, vamos levá-los de estéreis para férteis, vamos levá-los de pouco inteligentes para inteligentes'; e, depois que a atualização é afetada, há um grande conflito por causa disso".

Essa narrativa ecoa em histórias encontradas em textos sumérios, gregos, nórdicos e mesoamericanos. Essas histórias paralelas estão presentes em todo o mundo. Se houver alguma dúvida de que o Deus Abraâmico é uma multidão de seres extraterrestres, as descrições de Ezequiel podem dissipá-la. Ezequiel nos conta: "Tive visões de Deus. E olhei, e eis que um redemoinho vinha do norte, uma grande nuvem, e havia fogo relampejante, e havia um resplendor ao redor dela, e do meio dela brilhava algo como um metal amarelo. E do meio dela saíram quatro seres viventes. E esta era a sua aparência: eles se assemelhavam a homens. E os seus pés eram direitos, e a planta dos seus pés era como a planta do pé de um bezerro; e brilhavam como bronze polido. Eles tinham mãos humanas debaixo das suas asas de quatro lados. Suas asas estavam unidas, e não se viravam quando andavam, mas andavam todos direitos. Quanto à aparência de seus rostos, tinham rosto de homem, e rosto de leão à direita, e rosto de boi à esquerda, e rosto de águia. Quando saíam, eu ouvia o ruído de suas asas, como o ruído de muitas águas, como a voz do Todo-Poderoso, como o ruído de um exército. Quando paravam, baixavam as asas. E ouviu-se uma voz que vinha da cobertura de cristal sobre as suas cabeças, quando subiam e desciam as suas asas" (1:1-25). A voz disse a Ezequiel que era "o Senhor seu Deus" (Ezequiel 2:4).

Ezequiel descreve o Deus Abraâmico como muitos, representados como um só, não simbólicos ou angelicais, mas seres reais com aparência humana. Ele observa que eles não são tão misteriosos quanto a religião os faz parecer. Segundo ele, a "grande nuvem" na qual eles viajavam era claramente feita de "metal". As criaturas pareciam pessoas comuns, ou "à semelhança de homens", e provavelmente usavam botas, pois ele usa o termo "pé de bezerro" em referência às suas sandálias. Ele nunca tinha visto botas como aquelas antes. Ele também menciona que eles tinham "mãos humanas" e que viajavam em um veículo com "asas de quatro lados", semelhante a um drone moderno. Essas descrições se referiam a um veículo que, para Ezequiel, era parte de Deus. Assim como muitos antes dele, Ezequiel agrupa tudo na palavra "Deus" em sua descrição, incluindo veículos, espaçonaves e alienígenas, embora ele distinga claramente os seres, que parecem humanos. A descrição de Ezequiel é consistente com outras na Bíblia que sugerem que Jeová, Elohim, Deus ou qualquer outro nome que lhe damos refere-se a seres ETs de aparência humana voando em naves espaciais.

O temperamento desses deuses também é semelhante ao dos humanos, pois eles só se alegram com a servidão absoluta e se irritam com a desobediência. Eles ordenam o genocídio de populações inteiras que não os obedecem, levando assim a civilização ao seu estado atual, dominada por humanos sob seu controle e o controle de seu sacerdócio. Isso mostra claramente que eles não se interessam pela libertação ou ascensão espiritual da humanidade. Na verdade, esse grupo é tão incrivelmente psicopata, narcisista e cruel que levou alguns a se perguntarem se eles são realmente de uma civilização avançada ou se são uma projeção do nosso próprio futuro. Certamente não há razão para adorá-los e construir religiões em torno da obediência cega a seus ensinamentos falsos, projetados para manter a humanidade na ignorância e submissa.

As religiões que esses seres promovem para seus profetas parecem ser atualizações constantes de sua intenção de manter a humanidade ignorante, ao mesmo tempo em que usam esses novos grupos para exterminar os anteriores, considerados indesejáveis. Por isso, os cristãos perseguiram os judeus e outros grupos cristãos considerados menos obedientes aos ensinamentos de escravidão e mais preocupados com a ascensão espiritual, como os cátaros. Mais tarde, os muçulmanos tentaram fazer o mesmo com todos os outros grupos, inclusive cristãos e judeus. Toda religião que vem da mesma linhagem acaba se tornando exatamente o oposto do que afirma ser: não uma religião de amor e sabedoria, mas de genocídio e intolerância.

A obediência cega proposta pelo Islã é melhor que a obediência cega cristã, que é mais uma forma opressiva de obediência que o judaísmo. O judaísmo, por sua vez, se afasta da abordagem mais científica, espiritual e ética da espiritualidade encontrada nas escolas místicas do Egito. Cada nova religião promovida por esses ETs busca ser mais opressiva, intolerante, ignorante e repressiva do que a anterior. A obediência cega a esses deuses justifica a matança de inocentes. Por isso, quando Israel bombardeia a Palestina e assassina milhares de crianças, como vemos agora e nos últimos anos, o resto do mundo, especialmente os de ascendência cristã ou judaica, permanece em silêncio e protesta somente quando um país dominado por sua ideologia religiosa é atacado. Essa hipocrisia e esse desprezo pela vida inocente, principalmente a das crianças, mostram claramente o que essas religiões representam.

Capítulo 26: A Crueldade de Deus

Qualquer pessoa com uma mente perspicaz deve reconhecer a crueldade do Deus bíblico ao ler passagens como Josué 10:40: "Não deixou ninguém, mas destruiu totalmente tudo o que tinha fôlego, como o SENHOR, Deus de Israel, ordenou." De acordo com a Bíblia, os nativos dessa região foram condenados à morte por desobedecerem a Deus. Isso justificou a escolha dos hebreus mais obedientes como os favoritos de Jeová. Se aqueles que leem essas coisas em seus livros sagrados não veem nada de errado e até acham que essas ações são justificadas, então os seguidores desse Deus estão em um estado psicótico.

Se seguirmos o pensamento de muitos cristãos modernos nos Estados Unidos e sionistas em Israel e presumirmos que os caucasianos são mais fiéis à sua origem como povo de Deus ou escravos ideais, também devemos presumir que os caucasianos, que são os mais semelhantes em aparência a esse grupo de seres de Jeová, diferem dos outros humanos por serem os mais cruéis, obedientes, estúpidos e facilmente manipulados. Isso significa que os caucasianos têm menos potencial para ascender e deixar a Terra. No entanto, isso também significa que eles são os predadores mais adequados para herdar uma Terra dirigida por esses alienígenas. Isso os coloca na base da hierarquia humana, independentemente de quão violentos tenham sido com os outros. A falta de compaixão dos caucasianos é uma evidência de seu estado espiritual mais baixo.

A verdadeira natureza e as habilidades de cada ser espiritual foram obscurecidas por doutrinas que afirmam que somente um Ser Supremo pode desfrutar de uma existência espiritual pura e de um potencial espiritual ilimitado, e que esse Ser Supremo tem pele branca. Como resultado, vemos racismo até mesmo em culturas onde ele não faz sentido, já que a evolução fez com que as características físicas dessas pessoas se tornassem mais escuras para que pudessem se proteger contra a luz solar e se adaptarem à umidade tropical.

Essa mentalidade redireciona as possibilidades e oportunidades que as pessoas já têm dentro de si para uma fonte externa, limitando-as com base apenas na religião e na aparência. Assim, elas se tornam vulneráveis a qualquer manifestação espiritual ou truque científico que possa ser usado contra elas, seja por uma entidade alienígena ou por outros com tal poder e tecnologia. Esse estado de espírito não apenas nega às pessoas seu próprio potencial espiritual para a iluminação, mas também as mantém em um ciclo perpétuo de reencarnação na Terra, especialmente porque lhes é dito que a reencarnação é um truque maligno e não é real, de modo que elas não investigarão o assunto por medo de repercussões. É a mesma atitude que os escravos no Éden tiveram quando lhes foi dito que a sabedoria era algo ruim.

Quão distante da verdade você precisa estar para pensar assim? Aqueles que ainda acreditam nisso não estão muito longe dos primatas da selva. Esse tipo de ilusão coloca as pessoas à mercê de seus pregadores, que, não surpreendentemente, muitas vezes abusam desse poder, seja extorquindo grandes somas de dinheiro de seus seguidores ou cometendo estupro contra mulheres e crianças.

As religiões abraâmicas se tornaram uma forma sofisticada de manipulação em massa, permitindo o uso de tecnologia avançada para explorar fantasias e expectativas infantis. Ao fazer isso, impediu que as pessoas acessassem o verdadeiro conhecimento interior e as tornou completamente desinteressadas em ler qualquer coisa que não esteja dentro das capas de seus livros religiosos. A religião se tornou sinônimo de estupidez, ignorância da própria alma e fé cega. Isso ocorre apesar da abundância de evidências que descrevem o Deus Abraâmico como um ser extraterrestre.

No Antigo Testamento, por exemplo, está escrito: "Houve trovões e relâmpagos e uma nuvem espessa sobre a montanha, e o som da trombeta era muito alto; e todo o povo que estava no acampamento tremeu. Então Moisés levou o povo para fora do acampamento para encontrar-se com Deus, e eles se puseram ao pé do monte. E o monte Sinai estava completamente coberto de fumaça, porque o Senhor tinha descido sobre ele em fogo; e a fumaça do fogo subiu como a fumaça de uma fornalha, e todo o monte tremeu muito" (Êxodo 19:16).

Você pode acreditar em nuvens voadoras e fogo de onde um deus desce, se preferir a versão fantasiosa, ou pode ir além de seu cérebro infantil e enxergar as coisas como elas são. Tecnologia de OVNIs. Essa tecnologia de OVNIs produziu certos sons descritos como "relâmpagos e o som de uma trombeta" (Êxodo 19:16). Essas escrituras também nos dão uma descrição clara de como Deus viajou em uma nuvem, quando dizem: "O Senhor ia adiante deles [as tribos hebréias] de dia numa coluna de nuvem, para guiá-los pelo caminho, e de noite numa coluna de fogo, para iluminá-los; ia de dia e de noite; não tirava a coluna de nuvem de dia, nem a coluna de fogo de noite, de diante do povo" (Êxodo 13:21-22).

Claramente, a coluna de fogo aqui se refere às luzes vindas de dentro da espaçonave, pois a aparência desse fogo, ou das luzes da espaçonave, é mencionada em muitos relatos da presença de Deus. Assim, os seguidores das fantasias abraâmicas foram enganados e oraram por sua própria escravidão, como evidenciado pela "mentalidade de ovelha" que eles reforçam em suas congregações e ao afirmarem que Deus é seu pastor. Imagine uma religião em que as pessoas repetem semanalmente: "Sou um ser ignorante, sem livre-arbítrio, e Deus me guia porque não consigo pensar por mim mesmo; sou apenas uma ovelha burra".

As canções e os mantras das religiões abraâmicas podem não parecer tão óbvios, mas, de uma forma ou de outra, eles se enquadram nessa premissa. O ritual canibal de beber vinho como se fosse sangue e comer pão como se fosse o corpo de Jesus também tem pouco a ver com admiração pelos ensinamentos de um homem e muito a ver com desrespeito por sua existência. Aqueles que dizem o contrário estão tentando convencê-lo de que a melhor maneira de lembrá-lo após a morte é fingir comer o seu corpo e beber o seu sangue.

E se você fosse assassinado com um pedaço de pau, e as pessoas usassem a mesma arma para celebrar sua morte? E se o seu nome fosse Emmanuel, mas o chamassem de porco? Porque é isso que Jesus significa em latim: porco da terra (da combinação de "je" ou "ge", que significa "terra", e "sus", que significa "porco"). Além disso, há os cristãos nascidos de novo com absurdos ainda mais radicais, como as Testemunhas de Jeová, que de fato esperam o fim do mundo para renascer no paraíso. É como dizer: "Por favor, mate todos nós para que possamos ver como a vida após a morte é maravilhosa". Essa atitude não é muito diferente da adotada pelo Templo do Povo de Jonestown, na Guiana, outro grupo abraâmico de cristãos nascidos de novo que pensava exatamente a mesma coisa, isolando-se da sociedade e não confiando em ninguém além de seus próprios membros antes de seu suicídio em massa.

Capítulo 27: Táticas Expostas

Muitos consideram que as Testemunhas de Jeová não são apenas outro ramo extremista das religiões abraâmicas, mas também uma versão atualizada de um culto suicida. Depois de mais de vinte anos interagindo com seus membros e participando de suas reuniões, concluí que eles empregam táticas de manipulação comparáveis às da CIA. Eles são treinados em métodos manipuladores de controle da mente para recrutar novos membros e mentem deliberadamente para atrair mais pessoas para o grupo, justificando essas mentiras como atos de fé. Eles também se tornaram extremamente paranoicos com qualquer pessoa de fora que queira aprender com seu grupo. Realizam verificações intensas da vida pessoal de todos, o que vai além do abuso psicológico e facilmente leva ao assédio. Eles usam o assédio para controlar seus membros. Inúmeras histórias públicas de vítimas desse grupo corroboram essas observações.

Um olhar mais atento revela uma ideologia muito paranoica e apática. É exatamente isso que os seguidores dessa ideologia desejam. Eles nunca iniciam guerras, mas as acolhem como um sinal de que o paraíso está próximo. Esse prazer sádico pela guerra é perturbador do ponto de vista psicológico, mas não é tão alarmante quanto o panorama mais amplo dos cristãos nascidos de novo, que ultrapassa os limites do absurdo. As novas formas de cristianismo não passam de lavagem cerebral em massa, que leva as pessoas de volta a visões ultrapassadas e absurdas do cristianismo, fazendo com que se comportem como ovelhas apáticas que adoram uma figura sacrificial enquanto comemoram com a arma que o matou e fingem comer seu corpo. Se eu fosse um psicopata e quisesse criar uma religião, essa seria ótima. Ela incluiria canibalismo, rituais de beber sangue, zombar de um profeta celebrando sua morte e um grupo de pessoas repetindo mantras e canções autodegradantes.

O Império Romano não conseguiu derrotar os cristãos antigos massacrando-os, então teve de corrompê-los por dentro, destruindo a religião. O cristianismo atual, com todos os seus ramos de ilusionismo de massa, tem pouco a ver com os ensinamentos originais. Entretanto, como já observei, a grande maioria das pessoas não está interessada na verdade. Essa verdade nos mostra que todos os deuses são referências feitas pelo homem a extraterrestres, embora exista um Deus, uma consciência viva no universo, um Criador que une as muitas famílias interplanetárias. Essa ideia é rejeitada em favor de um certo grupo de seres que se alimentam das ilusões doentias dos humanos. As pessoas estão tão distantes da realidade que acreditam que a estrela de cinco pontas, um símbolo presente em toda a natureza, especialmente nas flores, é um símbolo de adoração ao demônio.

Muitas interpretações de Deus ainda escondem a interferência extraterrestre, pois as pessoas são imaturas e incapazes de lidar com a realidade. Elas até riem da possibilidade de interferência de ETs, como se suas fantasias fizessem mais sentido. Muitas das alegorias e suposições dos livros religiosos são fantasias que representam melhor o mundo imaginário humano e, portanto, refletem seu baixo nível cognitivo. Assim como em muitos outros assuntos, as massas tendem a simplificar demais o que não compreendem ou aceitam na religião. É como ter centenas de cores e chamá-las todas de preto ou branco. Porém as escrituras são muito claras. Por exemplo, o livro de Gênesis diz: "Aqueles que desceram do céu e criaram o homem", e não "Deus que desceu do céu". Também diz: "Façamos o homem à nossa imagem" (Gênesis 1:26), no plural, não no singular. Essas frases deveriam ser suficientes para presumir que há uma pluralidade de deuses e um Ser Supremo, também chamado Deus, o Criador do universo e dos planetas.

Em sua obsessão pela simplificação excessiva, as pessoas juntaram tudo na mesma categoria, a ponto de descreverem Satanás e Deus no mesmo livro, com papéis intercambiáveis. A humanidade fez a mesma coisa quando criou muitos nomes para esse deus, confundindo-o com Enki e depois inventando uma figura chamada Jesus para simbolizar a reencarnação desse deus do sol. O nível de deficiência cognitiva é tão incrível que as pessoas são incapazes de enxergar suas próprias limitações e, em vez disso, insultam e rotulam de arrogantes e blasfemadores qualquer um que mostre o óbvio: que a maioria dos adultos é estúpida demais para entender as coisas que dizem ou seus próprios livros, que muitas vezes interpretam e estudam incorretamente, exatamente como uma criança com dificuldades de aprendizagem. A diferença é que a criança tem adultos para corrigi-la, enquanto os adultos não aceitam ser corrigidos por ninguém.

Deus, o criador das escrituras hindus, criou a Terra e os muitos planetas do universo. Depois, os seres humanos foram criados por extraterrestres para serem seus escravos, como já comprovaram a ciência e a arqueologia. Antes dessa interferência, já havia seres humanos na Terra, provavelmente muito mais avançados em termos de consciência, mas não tão determinados a serem escravizados e a trabalharem para sobreviver, enquanto pagavam impostos sem questionar seu propósito, como muitos fazem hoje e como sempre fizeram no passado. Muitas pessoas dirão que uma vida sem sacrifício não é uma vida dedicada a Deus, ou que não trabalhar não é algo espiritual, porque estão tão condicionadas por seus implantes genéticos que não conseguem enxergar nada além de um estado de servidão ao absurdo.

Capítulo 28: Ascensão e Escravidão

Se os seres humanos fossem iluminados, eles construiriam uma sociedade de robôs e outras máquinas para trabalhar para eles e dedicariam seu tempo a atividades intelectuais e espirituais por meio da arte, da música e do estudo, como deveriam fazer as civilizações avançadas. No entanto, a ciência muitas vezes se assemelha à ignorância humana ao negar a interferência externa e a necessidade de questionar nosso passado para seguirmos em uma nova direção, em vez de sermos observadores passivos de um mundo projetado para nós e mantido com fé cega. A humanidade tem um longo caminho a percorrer, mas está mais próxima de sua própria escravidão do que da evolução, especialmente porque muitos estão tentando usar a ciência para manter a humanidade escravizada.

A salvação hoje é apenas em nível individual e vem por meio do discernimento e do sacrifício de ideais emocionais, como a necessidade de companheirismo e o senso de pertencer a um grupo. Essa humildade é o único caminho para a ascensão e a libertação da prisão que o planeta Terra representa. Ela começa com a aceitação de que somos imortais e que a Terra não é o único planeta habitado, mas um dentre os bilhões de planetas nos quais podemos renascer. Como espíritos despertos, devemos primeiro trabalhar para nossa libertação neste planeta por meio da aquisição do verdadeiro conhecimento e, em seguida, ascender a outros reinos onde estaremos livres do sofrimento e da ignorância que fazem da vida na Terra o que ela é. O caminho oposto está a um passo de distância dos regimes totalitários, como vimos muitas vezes ao longo da história da humanidade.

Vimos o que aconteceu com o coronavírus. Foi uma arma biológica criada por indivíduos poderosos e gananciosos, desencadeada contra outras pessoas para destruir economias e mudar o cenário político do mundo, tendo como alvo grupos indesejáveis da sociedade. E, como as pessoas estão imersas no medo e no dogma religioso, elas cooperaram, muitas vezes com o apoio de seus próprios pregadores, que as levaram a tomar uma vacina que altera a mente e o DNA — a marca do Deus Besta, a marca do pecado ou da escravidão.

As pessoas estão tão imersas e dependentes do sistema que o consideram normal, não conseguindo viver sem ele. Elas têm medo de morrer, de perder o emprego, de não ter amigos e familiares para apoiá-las emocionalmente, de serem rotuladas de loucas e condenadas ao ostracismo. O próprio medo de discordar dessa loucura as torna tão vulneráveis quanto o gado. As pessoas passaram a temer não fazer parte de uma mentira, de uma mentalidade de rebanho, porque não conhecem outra realidade. Por isso, nenhuma conspiração será aceita se for apresentada contra o medo da discriminação.

Aqueles que estão no poder descobriram que o medo é a melhor ferramenta para manipular as massas, e é por isso que a religião ainda usa o medo para reunir um grande número de seguidores. Porém, o medo é o caminho para a escuridão, pois limita nossas habilidades cognitivas e, portanto, nossa capacidade de questionar e entender a nós mesmos. Essa condição nos mantém presos a este planeta, incapazes de ascender a reinos mais elevados. Também impede que esses indivíduos ajudem aqueles que trabalham pela libertação de outras almas, especialmente por causa da discriminação que impõem aos não crentes, como se uma vaca marrom fosse diferente de uma vaca branca ou preta, ou se as vacas pudessem ser diferenciadas com base no fazendeiro, como se as vacas não estivessem todas sujeitas ao mesmo destino.

A verdadeira liberdade começa quando nos libertamos dos grilhões do medo e da ignorância, mas é preciso coragem para questionar as estruturas estabelecidas e buscar a verdade além das aparências. A humanidade tem o potencial de realizar grandes feitos, mas está presa a um ciclo vicioso de repetir os mesmos erros e não aprender as mesmas lições. Aceitar nossa imortalidade e entender que a Terra é apenas uma parada em nossa jornada cósmica são passos essenciais para a ascensão espiritual.

A sociedade ideal seria aquela em que cada indivíduo é livre para explorar todo o seu potencial, onde a cooperação e o amor prevaleçam sobre a competição e o medo. Um mundo em que a tecnologia é usada para elevar a consciência humana, não para escravizá-la. Para alcançar essa sociedade, cada indivíduo deve assumir a responsabilidade por sua própria evolução e buscar a verdade com coragem e determinação. A recompensa é a verdadeira liberdade e a ascensão a esferas mais elevadas. A escolha é nossa: permanecer como observadores passivos ou assumir o controle do nosso destino.

Glossário

A iluminação: é o estado de percepção e entendimento espiritual que transcende a consciência comum. O livro discute a iluminação como uma meta para aqueles que buscam se libertar dos dogmas religiosos.

Arianismo: doutrina teológica cristã que recebeu o nome de Ário, um presbítero do século IV que afirmava que Jesus Cristo não era divino, mas um ser criado. O arianismo foi declarado herético pelo Concílio de Nicéia, em 325 d.C

As Testemunhas de Jeová: são uma denominação cristã conhecida por sua pregação de porta em porta, distribuição de literatura religiosa e recusa de transfusões de sangue. Este livro examina as táticas de manipulação usadas por elas para recrutar e controlar membros.

Ascensão: processo espiritual de elevação a um nível mais alto de consciência ou existência. No contexto deste livro, refere-se à libertação das restrições do dogma religioso e à obtenção da iluminação.

Concílio de Nicéia: um concílio de bispos cristãos reunido em Nicéia em 325 d.C. para tratar de disputas teológicas, particularmente a respeito da natureza de Jesus Cristo. O concílio resultou no Credo Niceno, que afirma a doutrina da Trindade.

Consciência: é o estado de estar ciente do ambiente que nos cerca e de nossa existência. O livro discute o conceito de despertar a consciência como um meio de superar a doutrinação religiosa e alcançar a libertação espiritual.

Crença: é acreditar em algo sem provas ou evidências. O livro examina o papel da crença na doutrinação religiosa e seu efeito na consciência individual.

Culto a Cristo: termo usado no livro para descrever o fenômeno religioso e cultural que envolve a figura de Jesus Cristo, enfatizando os aspectos manipuladores e controladores do cristianismo organizado.

Decepção: ato de enganar ou iludir alguém, geralmente para ganho pessoal ou manipulação. O livro examina várias formas de engano nas instituições religiosas e seus efeitos na sociedade.

Deus bíblico: é a divindade descrita na Bíblia, geralmente chamada de Jeová ou Yahweh. A obra explora a ideia de que o Deus bíblico pode representar seres extraterrestres, e não uma única entidade divina.

Ensinamentos gnósticos: antigos movimentos religiosos e filosóficos que enfatizavam a aquisição de conhecimento (gnose) como meio de libertação espiritual. Divergentes das doutrinas cristãs dominantes, os ensinamentos gnósticos foram suprimidos pela Igreja primitiva.

Ignorância: é a falta de conhecimento ou conscientização, geralmente resultante de um esforço deliberado para ocultar informações. Este livro discute o papel da ignorância na manutenção do controle religioso e na prevenção do crescimento espiritual.

Interferência extraterrestre: a ideia de que seres extraterrestres influenciaram a história humana e as crenças religiosas. O livro sugere que muitos eventos e figuras religiosas podem ser atribuídos a essa interferência.

Luciferianismo: é um sistema de crenças religiosas ou filosóficas que adora Lúcifer, geralmente associado à iluminação e à rebelião contra estruturas religiosas opressivas. Este livro discute interpretações históricas e contemporâneas dessa crença.

Microchipagem: consiste em implantar microchips em indivíduos para várias finalidades, como identificação ou rastreamento. O livro explora as implicações éticas e sociais da microchipagem e seu potencial de controle e manipulação.

Monoteísmo: é a crença em uma única divindade onipotente. O livro discute as origens e as implicações das religiões monoteístas, especialmente no contexto das religiões abraâmicas.

Nono Círculo: um suposto culto internacional de sacrifício de crianças, mencionado no livro, que supostamente envolveria autoridades de alto escalão e figuras religiosas. Diz-se que o Nono Círculo está envolvido em rituais de abuso e assassinato de crianças.

Vaticano: órgão central de governo da Igreja Católica Romana localizado na Cidade do Vaticano. O livro discute o papel do Vaticano no controle e na manipulação religiosa, bem como seu suposto envolvimento em várias conspirações.

O véu da ignorância: é um termo metafórico usado para descrever o estado de desconhecimento ou desinformação sobre certas verdades, geralmente devido à ocultação ou manipulação deliberada. O livro discute o papel do véu da ignorância na manutenção do controle religioso e na prevenção do crescimento espiritual.

Reencarnação: é a crença de que a alma ou o espírito pode renascer em um novo corpo físico após a morte. O livro discute o conceito de reencarnação em diferentes tradições religiosas e filosóficas.

Religiões abraâmicas: As três principais religiões monoteístas — judaísmo, cristianismo e islamismo — têm suas origens no patriarca Abraão. Essas religiões compartilham crenças comuns, como a adoração de um único Deus e o reconhecimento de Abraão como uma figura fundamental.

Revelação: é o ato de descobrir ou revelar algo anteriormente oculto ou desconhecido. O livro explora o conceito de revelação no contexto de textos religiosos e na descoberta de verdades ocultas.

Satanismo: é um sistema de crenças religiosas ou filosóficas que adora Satanás, geralmente associado à rebelião contra as estruturas religiosas tradicionais. Este livro discute interpretações históricas e contemporâneas do satanismo.

Símbolos religiosos: são objetos ou imagens que representam ideias ou conceitos abstratos. A obra explora o significado dos símbolos religiosos e seus significados ocultos.

Trindade: doutrina cristã segundo a qual Deus é um ser único em três pessoas: o Pai, o Filho (Jesus Cristo) e o Espírito Santo. O livro explora o desenvolvimento histórico e os debates teológicos em torno desse conceito.

Solicitação de resenha de livro

Caro leitor,

Obrigado por adquirir este livro! Gostaria muito de saber sua opinião. Escrever uma resenha de livro ajuda a entender os leitores e também afeta as decisões de compra de outros leitores. Sua opinião é importante. Por favor, escreva uma resenha sobre o livro! Sua gentileza é muito apreciada!

Sobre o autor

Dan Desmarques é um autor renomado com um histórico notável no mundo literário. Com um portfólio impressionante de 28 best-sellers da Amazon, incluindo oito best-sellers nº 1, Dan é uma figura respeitada no setor. Com base em sua formação como professor universitário de redação acadêmica e criativa, bem como em sua experiência como consultor de negócios experiente, Dan traz uma combinação única de conhecimento para seu trabalho. Suas percepções profundas e seu conteúdo transformador atraem um público amplo, abrangendo tópicos tão diversos quanto crescimento pessoal, sucesso, espiritualidade e o significado mais profundo da vida. Por meio de seus escritos, Dan capacita os leitores a se libertarem das limitações, liberarem seu potencial interior e embarcarem em uma jornada de autodescoberta e transformação. Em um mercado competitivo de autoajuda, o talento excepcional e as histórias inspiradoras de Dan fazem dele um autor de destaque, motivando os leitores a se envolverem com seus livros e a embarcarem em um caminho de crescimento pessoal e iluminação.

Também escrito pelo autor

1. 66 Days to Change Your Life: 12 Steps to Effortlessly Remove Mental Blocks, Reprogram Your Brain and Become a Money Magnet

2. A New Way of Being: How to Rewire Your Brain and Take Control of Your Life

3. Abnormal: How to Train Yourself to Think Differently and Permanently Overcome Evil Thoughts

4. Alignment: The Process of Transmutation Within the Mechanics of Life

5. Audacity: How to Make Fast and Efficient Decisions in Any Situation

6. Beyond Belief: Discovering Sacred Moments in Everyday Life

7. Beyond Illusions: Discovering Your True Nature

Sobre a editora

Esse livro foi publicado pela 22 Lions Publishing.

www.22Lions.com